Michael Tschakert

Kunstdidaktik-Prüfungswissen

Theorie und Praxis

BRIGG VERLAG

Gedruckt auf umweltbewusst gefertigtem, chlorfrei gebleichtem
und alterungsbeständigem Papier.

3. Auflage 2023

Layout/Satz: PrePress-Salumae.com, Kaisheim
Druck: Rausch Druck GmbH, Aindlinger Str. 14, 86167 Augsburg

ISBN 978-3-95660-**423**-2

www.brigg-verlag.de

Inhalt

Vorwort 5

1. Richtziele des Kunstunterrichts 6

1.1 Schulung der differenzierten ästhetischen Wahrnehmungs- und Empfindungsfähigkeit 6
1.2 Kreativität
1.2.1 Kreativität und Fantasie 7
1.2.2 Phasen des kreativen Prozesses 7
1.2.3 Merkmale von Kreativität 8
1.2.4 Wie fördert man Kreativität? 8
1.3 Weltverständnis durch Produktion und Rezeption 10
1.4 Sachkenntnis in künstlerisch fundierten Sachgebieten 11

2. Bildnerische Entwicklung von Kindern und Jugendlichen 14

2.1 Kritzelphase 14
2.2 Schemaphase 16
2.3 Phase der pseudonaturalistischen Darstellung 21
2.4 Die Bedeutung der Phasen für den Unterricht 26
2.5 Analyse von Kinderbildern 26
2.6 Können Kinder Kunst schaffen? 27

3. Lernbereiche 31

3.1 Grafik 31
3.1.1 Grafische Mittel 31
3.1.2 Druckgrafik in der Schule 37
3.2 Farbe und Malerei 45
3.2.1 Farbenlehre: Farbkreis und Farbkugel 46
3.2.2 Farbkontraste 48
3.2.3 Komposition 52
3.3 Collage 54
3.4 Plastik 56
3.4.1 Plastische Prinzipien und formale Aspekte 56
3.4.2 Material für die Schule 57
3.5 Spiel 60
3.6 Visuelle Medien 61

4. Unterrichtsplanung 65

4.1 Sachanalyse, didaktische und methodische Analyse 65
4.2 Artikulationsmodell/Aufbau einer Unterrichtsstunde.. 66
4.3 Lernzielformulierung.. 67
4.5 Sequentierung.. 67
4.4 Tafelbild 69
4.5 „Richtige" Aufgabenstellung und geeignetes Thema 70
4.6 Fächerübergreifender Unterricht.. 72

5. Unterrichtsprinzipien, fachspezifische Methoden und Arbeitsformen.............. 76

5.1 Wichtige Prinzipien 76
5.2 Methoden.. 79
5.2.1 Bildbetrachtung.. 79
5.2.2 Experimentieren 82
5.3 Arbeits- und Sozialformen... 87
5.4 Disziplinprobleme 92

6. Leistungsmessung... 95

6.1 Problematik der Notengebung... 95
6.2 Kriterien für Leistungsmessung im Kunstunterricht 96
6.3 Alternative Verfahren zur Leistungsmessung 98

Literatur 105

Vorwort

Die folgenden Kapitel entstanden aus der Notwendigkeit heraus, den Studenten der Kunsterziehung ein sprachökonomisch verfasstes, kompaktes und doch in den Inhalten umfassendes Lernmaterial anzubieten und auch der Kunstdidaktik neue Impulse zu geben.
Die Didaktiken der 70er, 80er und 90er Jahre haben Staub angesetzt und dem Kunstunterricht an den Schulen droht eine fortschreitende Marginalisierung. Die Wissensgesellschaft läuft Gefahr, ein entscheidendes Standbein zu verlieren, denn ohne oder durch halbherzig vermittelte Kunsterziehung wird der Geist der Heranwachsenden steril. Das Fach darf in den Stundentafeln nicht nur Zierrat oder kompensatorisches Beiwerk sein, schon gar nicht ungeliebtes „Krach- und Schmuddelfach", sondern es bildet, wie alle musischen Fächer, den Kern, mit dem der Bildungs- und Erziehungsauftrag steht oder fällt. Es stellt nicht nur Weltbezug her, sondern fördert auch Kompetenzen, die für wissenschaftlich-technische Leistungen unabdingbar sind, wie exakte, differenzierte Wahrnehmung im Allgemeinen und Ästhetischen, kritisches Denken, die viel geforderte (und doch stiefmütterlich geförderte) Kreativität, Disziplin und Ausdauer, kognitive Strategien, soziale Kompetenzen und psychomotorisches Geschick. Das lehrt uns die neuere Hirnforschung.

Das Buch wendet sich vor allem an Studenten, Referendare und Lehramtsanwärter, die sich auf Prüfungen im ersten und zweiten Staatsexamen vorbereiten. Es beantwortet Fragen aus schriftlichen Prüfungen und Colloquien zeitgemäß und theoretisch fundiert. Die zahlreichen Praxisbeispiele vertiefen das Wissen und liefern Anregungen für den Kunstunterricht. Auch Kunstpädagogen, Kunsttherapeuten und Erzieher/-innen können kunstdidaktisches Grundwissen erwerben, das ihnen bei der Ausbildung und dem beruflichen Werdegang nützt. Für bereits im Beruf stehende Kunstlehrer liefert das Buch eine Fülle von neuen Ideen und Anregungen, lässt sie ihr didaktisches Handeln reflektieren und ihr Qualifikationsprofil schärfen.

In Kapitel 1 werden die Leitziele des Faches Kunst wie Wahrnehmungsschulung, Kreativität, Weltverständnis und Sachkompetenz in künstlerischen Bereichen definiert und anschaulich erläutert. Das Wissen um die bildnerische Entwicklung (Kapitel 2) erlaubt es dem Lehrer, seinen Unterricht an die Alterstufe anzupassen. Kapitel 3 beschäftigt sich mit den Sachgebieten bzw. Lernbereichen, wie sie in den Lehrplänen formuliert sind. Hier wird die Frage beantwortet: Was muss ein Lehrer (und Schüler) über Malerei, Grafik, Collage, Plastik, visuelle Medien und Spiel wissen?
Das Kapitel „Unterrichtsplanung" schildert anschaulich, auch an praktisch erprobten Beispielen, wie „gute" Kunststunden geplant und sequentiert werden. Moderner Unterricht berücksichtigt, wie im folgenden Kapitel dargestellt, bestimmte Unterrichtsprinzipien und fachspezifische Methoden. Hier wird auch das häufig tabuisierte Thema Disziplinprobleme angesprochen und ein Lösungsansatz vorgestellt.
Im letzten Kapitel wird die Problematik der Notengebung diskutiert. Herkömmliche Formen der Bewertung werden erörtert und zeitgemäße Verfahren vorgestellt.
Am Ende eines jeden Kapitels findet der Leser eine kurze, strukturierte Zusammenfassung des Inhalts und mögliche Prüfungsfragen, um sein bereits erworbenes Wissen zu testen.
Ich wünsche allen Lesern viel Erfolg bei den Prüfungen und Freude am Kunstunterricht.
Aus sprachlich-stilistischen Gründen wird im Folgenden auf die doppelte Ausweisung männlicher und weiblicher Formulierungen verzichtet.
Meinen lieben Schülern danke ich für die Bereitstellung des Bildmaterials.

Michael Tschakert

1. Richtziele des Kunstunterrichts

In der Didaktik unterscheidet man im Allgemeinen Richtziele (für größere Lernbereiche wie einem Schulfach), Grobziele (für bestimmte Fächer in einem Schuljahr anzustrebenden Fähigkeitskomplex) und Feinziele (in einer Unterrichtsstunde „operational durch beobachtbares Verhalten eindeutig zu definierende Lernziele, deren Erreichen oder Nichterreichen empirisch-objektiv überprüfbar ist"[1]).
Im Folgenden sollen die Leitziele des Kunstunterrichts, die in den Präambeln und den Fachprofilen des Faches Kunst der Lehrpläne zu finden sind, konkretisiert werden.

1.1 Schulung der differenzierten ästhetischen Wahrnehmungs- und Empfindungsfähigkeit

Auch wenn Wahrnehmung als Oberbegriff für Reizungen und Leistungen aller Sinnesorgane des Menschen mehrere Sinne aktiviert, so spielt dennoch der Augensinn die größte Rolle. Man unterscheidet die passive, flüchtige Wahrnehmung und die gezielte, interessenbestimmte, selektive Wahrnehmung. Mit letzterer schützt sich der Mensch auch vor einer Inflation von Eindrücken. Der Kunstunterricht ist Trainingsfeld für eine aktive, differenzierte, ästhetische Wahrnehmung. Es geht nicht nur um das denotative (die Grundbedeutung betreffende) **Was**, sondern um das konnotative (die Nebenbedeutungen betreffende) **Wie**. Nicht allein die Tatsache, dass das Sitzmöbel ein „Stuhl" ist, interessiert, sondern wie er ist. Aus welchem Material? Wie alt? Wie riecht er? Wer hat bereits darauf gesessen? Wie schwer ist er? Würde er sich für ein schönes Foto eignen? Kann man ihn gut zeichnen? Hier wird deutlich, wie die Empfindungsfähigkeit des Menschen Teil einer aktiven Wahrnehmung ist. Eine differenzierte Wahrnehmung dient dem Betrachten von Kunst, dem sich verbal Verständigen über Kunst und der Welt im Allgemeinen und ermöglicht eine bildhafte Artikulation.

1.2 Kreativität

In den zahlreichen Definitionen des Begriffes „Kreativität" werden meist menschliche Eigenschaften wie das Schöpferische, die Fantasie und die Erfindungsgabe zusammengefasst. Schröder beschreibt Kreativität als „die Fähigkeit zu schöpferischem Verhalten, d. h. ungewöhnliche Ideen und Einfälle zu produzieren und hierbei von herkömmlichen Denkschemata abzuweichen. Als Form des Denkens entspricht sie der Intuition und zeigt in der Regel einen divergierenden Verlauf. Kreativität ist jedoch nicht nur dem Bereich des Denkens zugeordnet, sondern findet besondere Entfaltung auch im künstlerischen und musischen Gestalten"[2].
Guilford sieht die Kreativität im engeren Sinn bezogen „auf die Fähigkeiten (abilities), die für schöpferische Menschen am meisten charakteristisch sind. [...] Ein kreatives Gefüge zeigt sich in kreativem Verhalten, das solche Tätigkeiten wie Entdecken, Entwerfen, Erfinden, Ordnen und Planen umgreift"[3].

---

[1] Weber 1999, S. 452
[2] Schröder 1992, S. 182
[3] Guilford in Mühle/Schell 1970, S. 13 f.

Noch detaillierter äußern sich Seitz/Zöpfl. Für sie ist Kreativität „die Fähigkeit des Menschen, neue Denkergebnisse hervorzubringen. Es kann sich dabei um neu geordnete Informationen handeln oder um neue Systeme, die weitere Informationsverarbeitung von sich aus strukturieren. Kreativität kann auf allen Gebieten auftreten: in der Verwaltung und der Organisation, wie auf wissenschaftlichem, literarischem oder künstlerischem Gebiet.
Sie ist mehr als eine erlernbare Strategie zur Herstellung ästhetischer Produkte, sondern die Fähigkeit, intuitive Kräfte zu entfalten und der Selbstverwirklichung näherzukommen."[4]

1.2.1 Kreativität und Fantasie

In den Lehrplänen wird oft von Fantasie gesprochen. Daher stellt sich die Frage, ob die Begriffe Kreativität und Fantasie synonym gebraucht werden können?
Der Begriff Fantasie (gr. *phantasia* für Erscheinung, Traumgesicht, Gespenst) betont das Bildhafte (Erinnerungsbild, Erscheinungsbild) und meint die Fähigkeit, innere Bilder zu entwerfen. Gelegentlich wird der Begriff auch negativ bewertet. Der Fantast ist jemand, der Hirngespinste hervorbringt. In der Tiefenpsychologie geht man davon aus, dass Fantasie ein Ventil zur Triebbefriedigung ist.
Der Begriff Kreativität ist durch die Kreativitätsforschung vor allem durch Guilford wissenschaftlich besser abgesichert als der Begriff Fantasie.

1.2.2 Phasen des kreativen Prozesses

Das wohl bekannteste Prozessmodell stammt von Wallace[5], der den Kreativitätsprozess in vier Phasen, die nacheinander ablaufen, unterteilt:

1. Phase der **Preparation** (Vorbereitung)
2. Phase der **Inkubation** (Suche nach der Lösung des Problems)
3. Phase der **Illumination** (der Geistesblitz)
4. Phase der **Verifikation** (Umsetzung)

Das Modell ist für Kunstlehrer insofern interessant, da Stundenmodelle ähnlich aufgebaut werden und Parallelen ersichtlich sind. Zuerst wird der Schüler beim Stundeneinstieg (Initiation) mit einem Problem konfrontiert oder er wird inspiriert, dann wird in der Explorationsphase eine bildnerische Lösung gesucht und sobald diese gefunden und reflektiert wurde, erfolgt in der Phase der Objektivierung eine bildnerische Umsetzung. (Siehe hierzu Kap. 4.2.)

---

[4] vgl. Eid/Langer/Ruprecht 1983, S. 65
[5] vgl. Wallas 1926

1.2.3 Merkmale von Kreativität

In der Literatur finden sich bei Csikszentmihalyi[6] sieben Merkmale von Kreativität:

1. **Fluktualität** (Bearbeitungs- und Denkgeschwindigkeit. Wie viel fällt mir schnell dazu ein?)
2. **Flexibilität** (Kombinieren, Umdenken, Sensibilität für Zufälle, Altes zerstören, Neues schaffen ...)
3. **Originalität** (unkonventionelle Ideen, statistische Seltenheit, außergewöhnliche Ergebnisse, ungewöhnliche Nutzung der Werkzeuge ...)
4. **Sensitivität** (Empathie für das Dargestellte in Farbe, Form und Komposition; Sensitivität gegenüber Thema und Problemen)
5. **Komplexitätspräferenz** (Vielschichtigkeit, Mehrdeutigkeit, mehrere Bedeutungsebenen)
6. **Elaboration** (detailreiche Ausarbeitung, Anstrengungsbereitschaft, Einsatz von Energie)
7. **Ambiguitätstoleranz** (Neugier, Offenheit, Humor, Toleranz, Sehen und Ertragen von doppeldeutigen Sachverhalten)

Des Weiteren sagt man kreativen Menschen folgende Merkmale nach:
Sie haben eine stets aktive Wahrnehmung, sind neugierig, finden Beziehungen zwischen scheinbar Beziehungslosem, verfolgen hartnäckig Gedankengänge, sind überdurchschnittlich motiviert und erfolgsorientiert, kritisieren und provozieren gerne, sind individualistisch, nonkonformistisch bis rücksichtslos.
Außerdem unterwerfen sie sich ungern Diktaten (wie z. B. Modediktaten) und durchschauen Konsum als Ersatzhandlung. Eid/Langer/Ruprecht[7] verweisen in diesem Zusammenhang darauf, dass kreative Kinder von Seiten der Wirtschaft gar nicht erwünscht sind, da sie sich nicht ohne weiteres in den Konsumprozess eingliedern lassen und allzu kritische Verbraucher werden. Merkantiler Erfolg braucht den passiven Kunden. Es soll Eltern geben, die ihren Kindern für die Ferienzeit klischeehafte Malvorlagen kaufen, in denen nummerierte Felder aus nummerierten Farbtuben koloriert werden. Vermutlich hat sie der lockende Aufdruck „Sei kreativ!" auf der Verpackung dazu verleitet.

Es stellt sich die Frage, ob ein Kunstwerk und ein Schülerwerk im Hinblick auf die Erfüllung von Kreativitätsmerkmalen beurteilt werden kann? Grundsätzlich gilt bei der Bewertung von Kunst: Je höher die Sach- und Fachkompetenz der Lehrkraft, desto objektiver ist die Beurteilung. Merkmale wie Originalität, Elaboration oder Komplexitätspräferenz lassen sich bei Schülerwerken gut bewerten. (Siehe hierzu Kap. 6.2.)

1.2.4 Wie fördert man Kreativität?

Die Förderung von Kreativität ist nicht nur Aufgabe des Kunstlehrers und des Kunstunterrichts, sondern Unterrichtsprinzip.
Auch wenn das manchmal kreativitätshemmende Makroumfeld nicht zu ändern ist (z. B. der 45-Minuten-Takt der Stunden), so lässt sich auf das Mikroumfeld doch Einfluss nehmen.

---

[6] vgl. Csikszentmihalyi 1997
[7] vgl. Eid/Langer/Ruprecht 1983, S. 62 f.
[8] vgl. Schmidt 1988, S. 37 f.

Es entscheidet der Lehrer, ob die Schüler vorgefertigte Kopiervorlagen ausfüllen oder ob die Hefteinträge selbst gestaltet und mit Zeichnungen versehen werden, die im Gedächtnis bleiben.
Allgemeine Rahmenbedingungen für Kreativität listet der Konstruktivist Schmidt[8] auf.

Kreativitätsfördernd sind:

- eine Atmosphäre, die Freiheit und Sicherheit verbindet
- Toleranz und Offenheit für divergente Problemlösungen
- eine spannungsreiche Umwelt, in der die Befähigung zur Selbstförderung ausgebildet wird
- die Anleitung zur Reflexion auf das eigene Verhalten
- das Ermöglichen selbstständigen und selbst initiierten Lernens.

Was das Lehrerverhalten betrifft, gilt als kreativitätsfördernd:

- der Lehrer ist selbst kreatives Vorbild;
- ist aufgeschlossen gegenüber Lernformen, die Raum zum Experimentieren und Forschen geben;
- ermutigt die Schüler zur Eigeninitiative und verstärkt Erwünschtes positiv;
- schafft eine nicht-autoritäre und kooperative Lernumgebung;
- ist tolerant gegenüber ungewöhnlichen Schülerideen und stellt im wechselseitigen Dialog nicht nur Fragen, die eine vorbestimmte Antwort implizieren, sondern solche, die divergente Denkprozesse erlauben;
- ermutigt die Schüler, sich selbst zu bewerten.

Folgende Unterrichtsformen und Methoden eignen sich, Kreativität zu fördern:

- Partner- und Gruppenarbeit, da Gedankenaustausch kreativitätsfördernd ist
- alle kooperativen Arbeitsformen
- handlungsorientierte Formen
- erkundende, erforschende, entdeckende Formen
- selbstgesteuertes Lernen z. B. durch Wochenplanarbeit
- Projektunterricht, da hier der Schüler viele Freiräume hat (Umgestaltungsprojekte, Forschungsprojekte, Unterhaltungsprojekte)
- Spielformen, da im Spiel Neues ausprobiert werden kann und der Kreativität neue Räume eröffnet werden

Kreativitätshemmend sind:

- ein autoritärer Unterrichtsstil
- Unterricht, der nur auf träges Wissen abzielt
- großer Zeitdruck (vor allem durch den Schulstundentakt und den Stundenwechsel)
- das Darreichen von fertigem, schabloniertem Material
- sofortige, negative Bewertung von Schülerideen

---

[8] vgl. Schmidt 1988, S. 37 f.

- übergroßer und falsch verstandener Leistungsdruck
- sprachliche Floskeln des Lehrers, z. B. „Das steht nicht im Lehrplan!", „Das ist nicht meine Aufgabe!" oder „So kommen wir nie mit dem Stoff durch!"

Der Kunstunterricht bietet eine Fülle von Chancen für kreatives Denken und Handeln. Hier scheint wichtig:

- Der Unterrichtsraum sollte eine reizreiche Atmosphäre bieten und am besten Werkstattcharakter haben.
- Das Materialangebot sollte groß sein. Malkasten, DIN A3-Block und Bleistift reichen nicht aus. Zum Explorieren und Experimentieren braucht man viele Materialien und Werkzeuge.
- Der Unterricht darf nicht nur auf Problemlösen (wie häufig in anderen Fächern) sondern auch auf das Finden von (bildnerischen) Problemen ausgerichtet sein, da das Finden ein Wesensmerkmal der Kreativität ist.
- Zur Problemfindung geeignet sind sog. „aleatorische Verfahren" (Zufallsverfahren), weil der Schüler hier flexibel und individuell arbeiten kann. Techniken, bei denen der Zufall eine Rolle spielt, sind beispielsweise die von Max Ernst entwickelten Verfahren der Decalcomanie (Abklatschverfahren) oder der Frottage (Durchreibetechnik). Aber auch andere experimentelle Druckverfahren mit Materialien wie Borkenkäferrinde und Fliegengitter oder Drip Painting (Tropfmalerei) à la Jackson Pollock beflügeln die Kreativität der Schüler.
- Alle Verfahren, bei denen kombiniert oder umgestaltet wird, bei denen Destruktion und Konstruktion eine Rolle spielen - wie z. B. bei der Collage - sind kreativitätsfördernd.
- Das bildnerische Thema muss Kreativitätspotenzial haben: Statt „der Weihnachtsmann" sollte das Thema z. B. lauten: „Was macht der Weihnachtsmann im Sommer?".
- Betrachtung von Kunst (Bilder, Poster, Filme, im Museum ...) regt an, motiviert und eröffnet für den Schüler Strategien, Kunst hervorzubringen.
- Die Arbeit mit Künstlern oder ein Atelierbesuch macht offen und tolerant für zeitgenössische Kunst.

1.3 Weltverständnis durch Produktion und Rezeption

Im Fachprofil Kunst des bayerischen Mittelschullehrplanes heißt es: „Die Mittelschule hilft den Schülern, sich ein Bild von der Welt zu machen. Das Unterrichtsfach Kunst trägt im wörtlichen wie im übertragenen Sinn dazu bei: Das Wahrnehmen und bildhafte Veranschaulichen wie das Nachdenken und Sprechen über ihre Eindrücke und Vorstellungen, Bedürfnisse und Wünsche entwickelt die Sensibilität und bereichert die visuellen Erfahrungen der Schüler, damit sie lernen, die Welt zu verstehen, zu ordnen und verantwortlich mitzugestalten. [...] Die Handlungsfelder Gestalten und Betrachten ergänzen sich wechselseitig und sind im Lehrplan deshalb parallel gesetzt."[9]
Im Kunstunterricht wird von jeher auf eine enge Verzahnung von Produktion und Rezeption Wert gelegt. Der Schüler soll nicht nur betrachten, er soll auch Werke mit ästhetischem An-

---

[9] vgl. Lehrplan der bayer. Mittelschulen, Profilbeschreibung des Faches Kunst

spruch herstellen. Dahinter steht der Gedanke, dass sich Produktion und Rezeption wechselseitig positiv beeinflussen. Begründet ist diese Theorie im „Gestaltkreis" des Mediziners Victor von Weizsäcker[10], der die Einheit von Wahrnehmung und Bewegung beschreibt. Wahrnehmung ist immer emotional und kognitiv geprägt, der entstehende Eindruck beeinflusst den Ausdruck.

Wenn der Kunstlehrer mit Schülern ein kubistischen Bild gestalten will, bei dem die Bildgegenstände analytisch in geometrische Formen zerlegt und anschließend synthetisch neu zusammengesetzt werden, liegt es auf der Hand, kubistische Bilder der Kubismusväter Picasso und Braque anzusehen. Picasso bringt den Nutzen des Betrachtens für das eigene Produzieren auf den Punkt: „Gute Künstler kopieren, große Künstler stehlen."

Zur weiteren Erklärung der sinnvollen Koppelung von Rezeption und Produktion kann die Lern- und Kognitionspsychologie im Anschluss an Piaget herangezogen werden. Sie hat deutlich gemacht, dass sich Denkstrukturen aus verinnerlichten Handlungen entwickeln. Vernetzte, handlungsrelevante, kognitive Wissensstrukturen gehen aus dem Handeln hervor und wirken wiederum regulierend auf das Handeln. Für unser Beispiel bedeutet das: Der Begriff Kubismus wird nicht als träges Wissen abgespeichert, sondern in einem aufgebauten Netzwerk im Gehirn. Dies bewirkt eine vielfältige, spätere Abrufbarkeit von vernetztem Wissen und in unserem Fall ein erweitertes bildnerisches Vokabular des Schülers.

1.4 Sachkenntnis in künstlerisch fundierten Sachgebieten

„Ihre fachliche Kompetenz erweisen Lehrerinnen und Lehrer als Expertinnen und Experten für Sach- und Funktionszusammenhänge auf der Basis fachwissenschaftlicher Grundlagen. Dazu gehört auch die Einsicht in Möglichkeiten und Grenzen wissenschaftlicher Erkenntnis sowie die Fähigkeit zur Bewertung der Relevanz wissenschaftlicher Disziplinen und ihrer Entwicklungen für die eigene Arbeit und zur damit zusammenhängenden Weiterqualifikation", erklärt Arning.[11]

Was die Erwartungen an den Kunstlehrer betrifft, bevorzugt Heinig den Begriff Sachkenntnis anstatt Sach- und Fachkompetenz, da es zuviel verlangt wäre, wenn ein Lehrer in allen Lehr- und Lernbereichen des Faches Kunst Experte sein müsste.[12]

Will der Lehrer spezifisches Wissen und Können in den klassischen Bereichen Malerei, Grafik und Plastik, aber auch im sog. Sekundärbereich (visuelle Medien, Film, Spiel, Werbung ...) an seine Schüler weitergeben, muss er diese zuvor selbst erlangen. Hinzu kommen, je nach Schulart und Alter der Schüler, Inhalte der Bezugswissenschaften wie der Kunstgeschichte, der Kunstpsychologie oder der Kunstphilosophie. Weiterhin sollte der Lehrer, will er seine Schüler für die Vielfalt künstlerischer Ausdrucksformen sensibilisieren, auch selbst Offenheit gegenüber der sich ständig wandelnden Welt der Kunst zeigen. (Wichtige Lerninhalte siehe Kapitel 3.)

---

[10] vgl. Weizsäcker 1940
[11] Arning in Bayer u. a. 2000, S. 307
[12] vgl. Heinig 1982, S. 28

Prüfungsfragen zu Kapitel 1

- Welche Richtziele lassen sich für den Kunstunterricht formulieren?
- Kreativität als Ziel des Faches Kunst – nur eine Leerformel?
- Wie können Sie die Kreativität Ihrer Schüler fördern?
- Die Entfaltung der Fantasie ist Aufgabe des Faches Kunst. Erläutern Sie!
- Welche Mechanismen wirken kreativitätsfördernd, welche -hemmend?
- Die Schärfung der Wahrnehmung ist eine wichtige Aufgabe des Kunstunterrichts. Erläutern Sie!

Zusammenfassung Kapitel 1

Richtziele im Fach Kunst

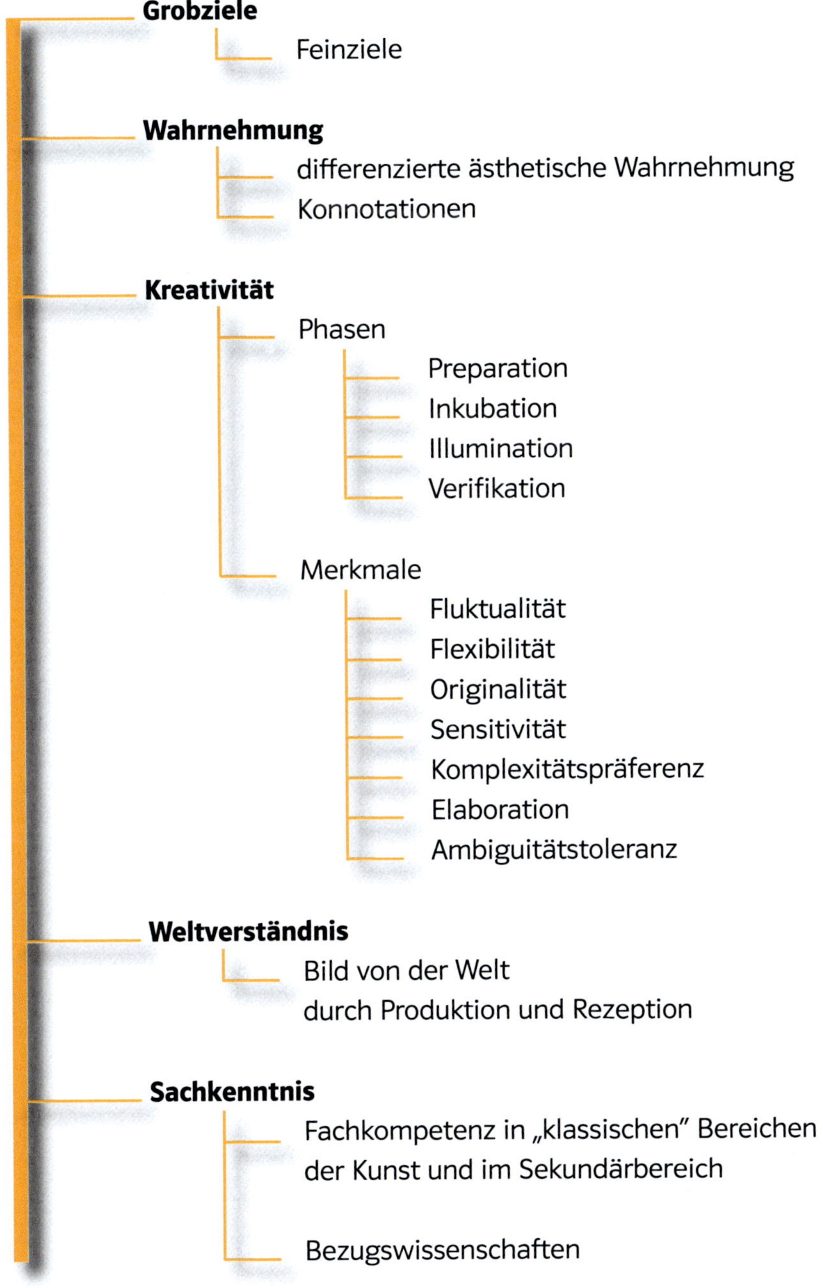

2. Bildnerische Entwicklung von Kindern und Jugendlichen

Viele Erwachsene zeichnen und malen ungern und auf einem erbärmlichen Niveau. Das ist verwunderlich, da die meisten sich als Kind noch begeistert, spontan, temperamentvoll und unbekümmert bildnerisch artikulierten. Wann und warum geht bei vielen Menschen diese Fähigkeiten in der Entwicklung verloren? Es ist genau dieses verlorene Paradies der uneingeschränkten Natürlichkeit, nach dem viele Künstler wie Klee, Picasso, Dubuffet oder Twombly suchten.
Paul Klee formuliert es treffend: „Die Kinder können es auch und es steht Weisheit darin, dass sie es auch können."[13]
Die schwierige Aufgabe des Kunsterziehers ist es, einerseits die kindliche Unbekümmertheit und Lust am Gestalten zu erhalten und andererseits die bildnerischen Fähigkeiten zu fördern, damit der Schüler in der Lage ist, seine Intentionen bildnerisch umzusetzen. Um dies zu erreichen, sollte der Kunstlehrer die Phasen der bildnerischen Entwicklung kennen und die Bildsprache der Kinder entschlüsseln können.

2.1 Kritzelphase

Die meisten Autoren lassen die Phase mit dem Schmieren von Brei beginnen.[14] Hier entdeckt das Kind, Urheber einer grafischen Spur zu sein, was es als „Quelle des Glücks" erlebe, so Widlöcher.[15]

Mit ca. 2-3 Jahren entdecken die Kleinkinder den Stift, der angefasst werden kann und auch zum Lutschen geeignet ist. Schreibende Eltern oder Geschwister sind Modell. Die Tatsache, dass auf dem Papier (oder den Möbeln) Spuren hinterlassen werden können und etwas auftaucht, fasziniert und wird lustvoll genossen. Zunächst wird beim Zeichnen der ganze Körper miteinbezogen. Das Kleinkind zeichnet aus der Schulter heraus (Hiebkritzeln: durch die Wucht entstehen sogar Löcher im Papier). Dann verlagert sich der Bewegungsdrehpunkt vom Oberarm- auf das Ellenbogengelenk (Schwingkritzeln: ein Bündel aus gleichgerichteten, bogenförmigen Linien) und schließlich auf Hand- und Fingergelenke (Kreiskritzeln: Linienknäuel durch Kreise). Ca. ab dem 3. Lebensjahr kommen auch Zickzackkritzeln (ein Auf und Ab, welches das Schreiben nachahmt) hinzu.

Kellog[16] unterscheidet zwanzig „basic scribbles" wie Punkte, einfache vertikale und horizontale Linien, Spirale, Wellenlinie etc., die in den Zeichnungen zumeist nebeneinander und ineinander auftreten.

[13] Klee 1997, S. 274
[14] vgl. Richter 1987, S. 23 f.
[15] vgl. Widlöcher 1974, S. 32
[16] vgl. Kellog 1969

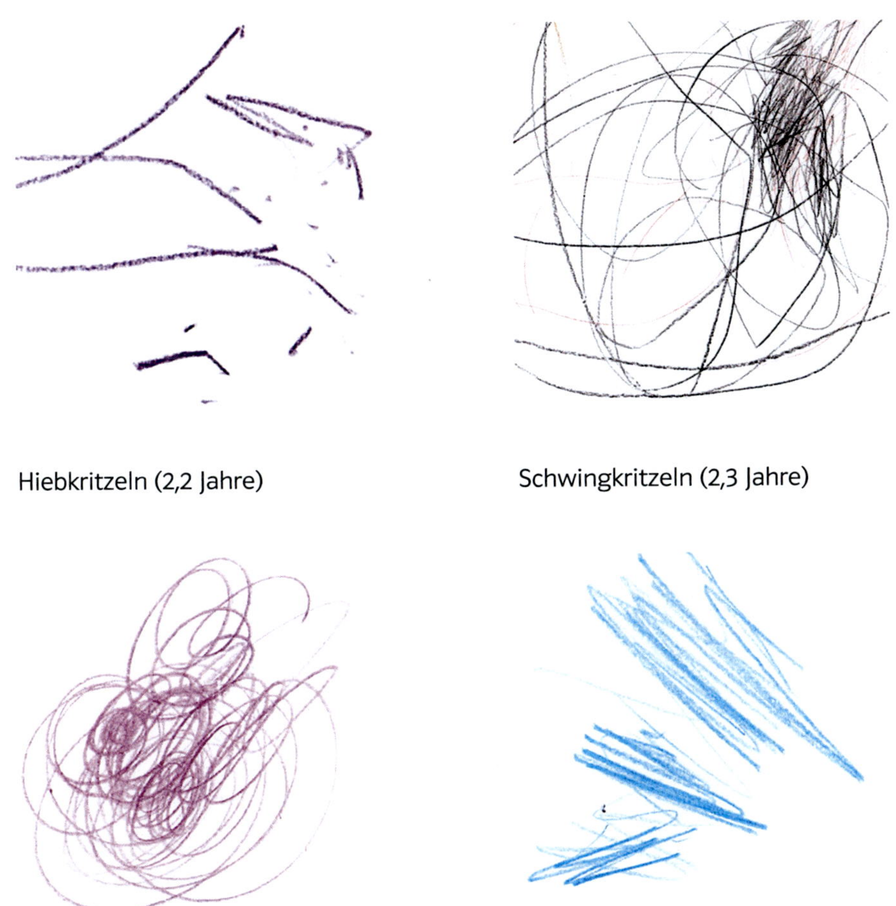

Hiebkritzeln (2,2 Jahre)

Schwingkritzeln (2,3 Jahre)

Kreiskritzeln (3,2 Jahre)

Zickzackkritzeln (3,3 Jahre)

Langsam entstehen geometrisierende Elemente wie ein Kreis, ein Oval, ein Viereck oder eine Linie. Aus diesen werden später Figuren, Tiere, Häuser und Bäume.[17] Diese Formen entstehen kulturkreisunabhängig. Man spricht von „sinnunterlegtem Zeichnen", wenn die Kinder den Kritzelspuren eine Bedeutung zuweisen. Der Kreis wird zum Ball oder zur Sonne. Die Absicht zum Gestalten tritt in den Vordergrund, die zweckfreie Lust in den Hintergrund. Mit wenigen Bildelementen entwickelt das Kind ein System von Darstellungsformen, mit dem sogar ganze Szenen dargestellt werden können.

---

[17] vgl. Eid/Langer/Rupprecht 1983, S. 29

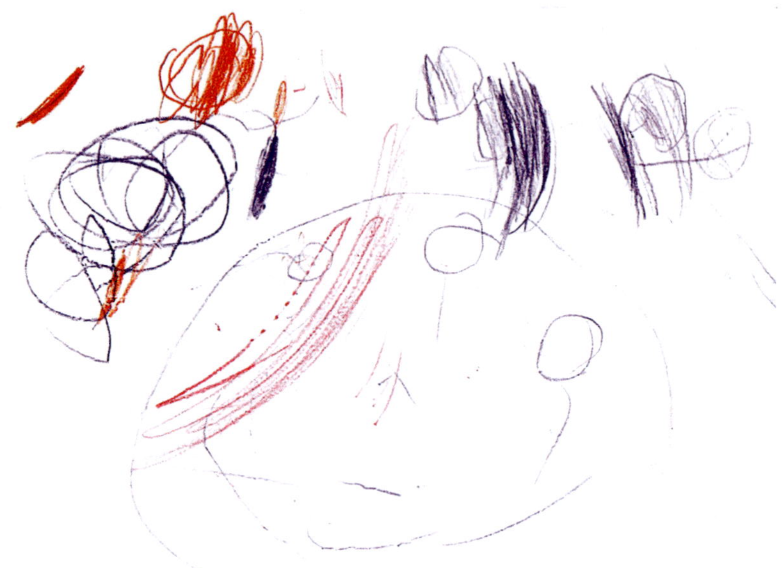

Sinnunterlegtes Kritzeln: Ich spiele im Garten (4,3 Jahre)

2.2 Schemaphase

Seit Kerschensteiner wird der nächste Entwicklungsabschnitt üblicherweise als „Schemaphase" bezeichnet.[18] Er führte Massenuntersuchungen an verschiedenen Schulen in derselben Altersstufe durch, verglich die Arbeiten und wertete sie systematisch aus. Ihn interessierte vor allem die Frage, wie sich der künstlerische Ausdruck von Kindern ohne Beeinflussung von außen entwickelt. Bei den vielen Untersuchungen, die Wissenschaftler in den letzten Jahrzehnten zur bildnerischen Entwicklung machten, bediente man sich auch einer weiteren Methode: Man rekonstruierte die Entwicklung einzelner Kinder unter biografischem Aspekt.

Die Phase der Schematisierung beginnt in etwa mit dem 4. Lebensjahr und ist gekennzeichnet durch die Darstellung annähernd geometrischer Formen. Diese werden bevorzugt, weil das Kind nach Ordnung gegenüber der Vielfalt optischer Wirklichkeit verlangt.[19] Kinder reproduzieren weniger ihre visuellen Beobachtungen und Wahrnehmungen, sondern vielmehr ihre bisher generierten Schemata, die im Langzeitgedächtnis beheimatet sind, wohingegen das visuelle Kurzzeitgedächtnis in der frühen Kindheit nur eine geringe Kapazität aufweist. Die Schemata ermöglichen es dem Kind, Informationen über die Gegenstände abzurufen, ohne dass es diese sehen muss.[20]

„Zeichnen zu lernen heißt für das Kind nicht, visuelle Information vom Gegenstand aufzunehmen, sondern immer angemessenere Schemata zu entwickeln, die durch Experimentieren, durch Versuch und Irrtum, aber auch durch Vorlagen und Beispiele älterer Kinder angeregt werden."[21]

---

[18] vgl. Kerschensteiner 1905, S. 16

[19] vgl. Eid/Langer/Rupprecht 1983, S. 39

[20] vgl. Wessels 1984, S. 329 f.

[21] Schuster 1990, S. 63

Die Schemaphase ist durch folgende spezifischen Merkmale gekennzeichnet:

Anthropomorphie: Alles Dargestellte wird beseelt und trägt menschliche Züge. Die Sonne erhält ein Gesicht und auch Tiere sehen menschlich aus. Die Kinder identifizieren sich mit dem Dargestellten.

Prägnanztendenz: Der rechte Winkel (als größtmöglicher Richtungsunterschied) wird bevorzugt. Zweige stehen senkrecht vom Ast ab, der Schornstein ebenso vom Hausdach. Gemalt wird auch mit größtmöglichen Farbunterschieden.

Röntgenbilder: Das Kind blickt in das Innere eines Busses oder eines Hauses und möchte Inneres und Äußeres darstellen. Das Kind will sein Wissen vom Sein des Dargestellten demonstrieren.

Bedeutungsperspektive: Was dem Kind wichtig erscheint, wird größer gezeichnet. Häufig ist das Ich (das Selbstbildnis) das größte Bildelement. Dieses Merkmal wird auch Ausdrucksproportion genannt. Diese Perspektive findet sich auch in der Kunst der alten Ägypter, im Altertum und im Mittelalter.

Simultanperspektive: Ähnlich wie im Kubismus wird das Motiv durch Auf- oder Umklappen von mehreren Ansichten aus gezeigt. Um der Prägnanz willen wird möglichst viel vom Motiv gezeigt.

Mensch: Kinder stellen sich zunächst selbst als „Kopffüßler" dar, frontal, die Arme sind seitlich rechtwinklig abgespreizt. Füße oder Schuhe werden im rechten Winkel zu den Beinen gezeichnet. Finger sind wichtig, die Anzahl nicht. Mit bemerkenswerter Sicherheit werden Augen und auch Nase und Mund in einem harmonischen Verhältnis in den runden Kopf gesetzt. Mit zunehmendem Alter mischen sich Profil- und Frontansichten und erste Unterscheidungen im Geschlecht der Figur werden deutlich. Frauen haben Röcke und lange Haare, Männer tragen Hosen und Hut.

Tiere, Häuser, Bäume: Tiere sehen zunächst aus wie Menschen, weil die Fähigkeit unterscheidende Merkmale zu zeichnen noch fehlt, erste Bäume sehen durch die Geometrisierung aus wie Lutscher und auch Häuser haben zunächst rundliche Formen. Wenn das Kind das Dreieck für sich entdeckt hat, sind Satteldächer das Lieblingsmotiv.

Der Bildraum: Dieser ist eine große Herausforderung, nicht nur für Kinder. Man unterscheidet:

- Streubild: Scheinbar ungeordnet finden sich Dinge durcheinander im Format. Beim „gerichteten Streubild" wird bereits sortiert.
- Standlinienbild: Schulanfänger bevorzugen es, Dinge auf eine Linie zu zeichnen, im Himmel werden Sonne und Wolken ebenso aufgereiht.

- Simultanperspektive: Hierzu gehören auch die „Landkartenbilder"; die Sicht von oben ermöglicht einen guten Einblick in das Motiv.
- Schrägbild: Hier wird bereits echte Tiefenwirkung angestrebt. Die horizontale Standlinie wird aufgegeben. Linien, die in Wirklichkeit horizontal und vom Betrachter weg laufen, führen schräg über das Blatt.
- Horizontbild: Frühestens ab dem 10. Lebensjahr ist die Horizontlinie die Grenzlinie zwischen Himmel und Erde.
- Zentralperspektive: Selten gelingen Kinder (und auch vielen Erwachsenen) zentralperspektivische Zeichnungen.

Die Farbe: Zunächst unterscheiden Kleinkinder Hell und Dunkel; wichtiger als der Darstellungswert (Wiese grün, Himmel blau) ist die Konsistenz. Kleine Kinder lieben breiartige Farben. Später unterscheiden die Kinder zwar die Farben, jedoch kann die Hautfarbe immer noch grün und emotional gewählt sein. Schulanfänger verwenden bereits wirklichkeitsnahe Farben, auch wenn diese noch rein und ungemischt sind. Etwa ab dem 10. Lebensjahr mischen Kinder gezielt im Hinblick auf eine Darstellungsdifferenzierung.

Bildbeispiele:

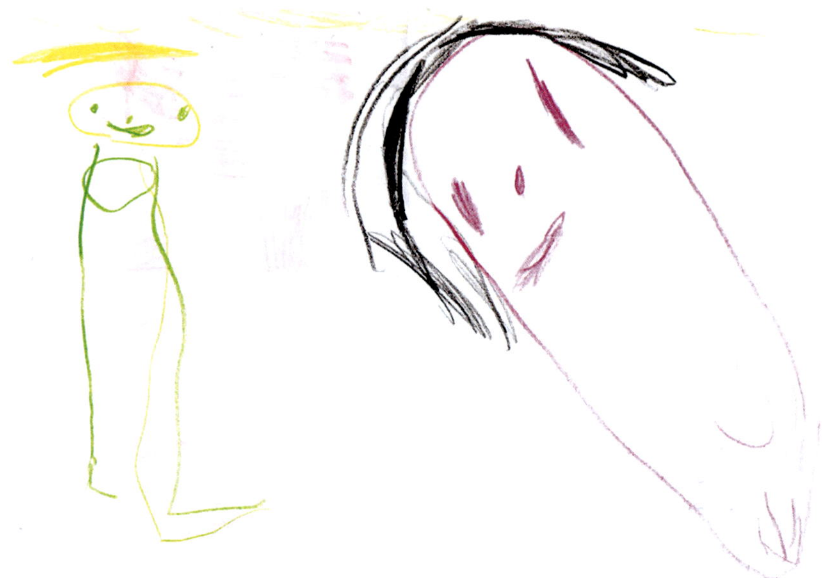

Kopffüßler (4,7 Jahre)
Das transkulturelle Phänomen der Kopffüßler wurde schon vor mehr als hundert Jahren beschrieben und hat geradezu archetypischen Charakter. Das Kopffüßler-Schema erweist sich in Kinderzeichnungen mitunter überraschend lange resistent.

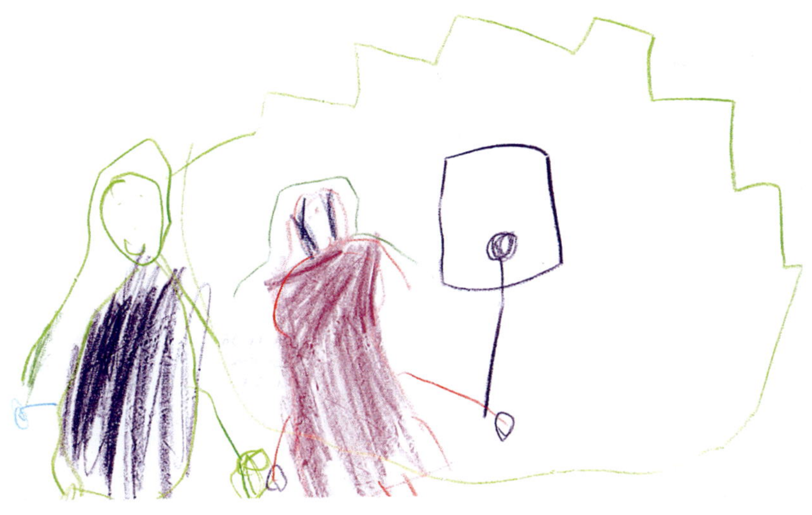

„Ich helfe meiner Mama beim Fensterputzen" (5,6 Jahre)
Erste geometrische Schemata mischen sich mit Kritzelspuren.

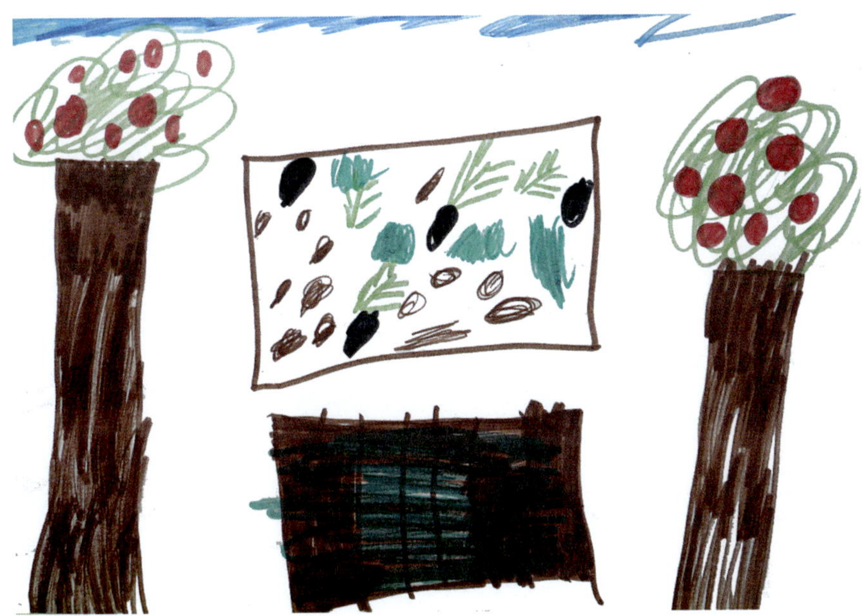

„Im Garten" (5,7 Jahre)
Die Baumkronen der „Lutscherbäume" werden durch Früchte und Schwingkritzelspuren differenziert dargestellt. Die Beete sind der Simultanperspektive folgend nach vorne geklappt. Das Gemüsebeet ist als „Streubild" angelegt.

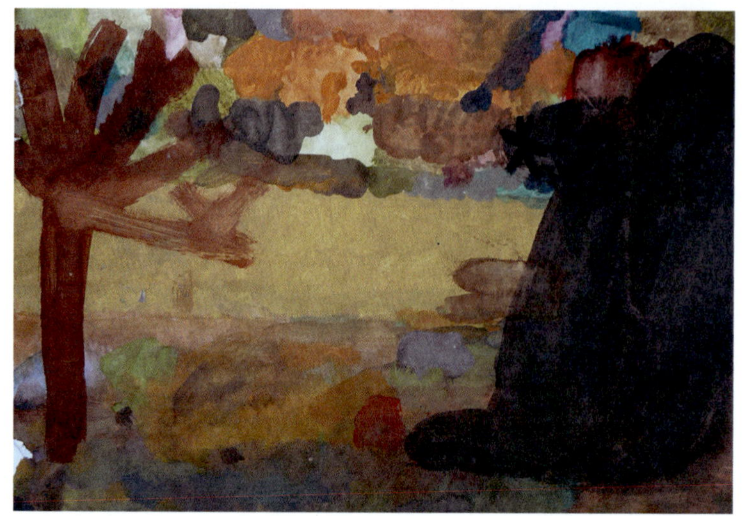

Bedeutungsperspektive:
Das „Eichhörnchen" (6,7 Jahre) ist wegen seiner Bedeutung im Vergleich zum Baum überdimensioniert. Dem Bild sieht man an, dass es in der Schule unter Anleitung entstand. Das fachliche Ziel der Stunde war das Mischen von Erdfarben.

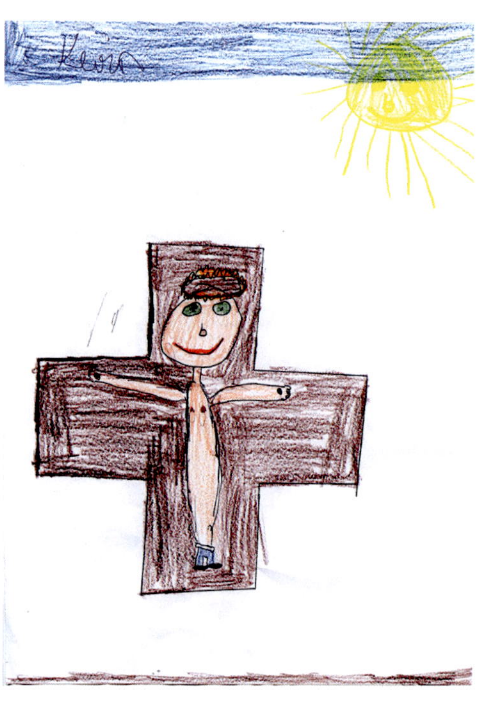

„Jesus am Kreuz" (9,9 Jahre)
Auch wenn der Schüler die Dornenkrone als Oval perspektivisch (annähernd „richtig") gezeichnet hat, strotzt die Zeichnung vor Schemata. Die Sonne hat ein Gesicht (Anthropomorphie), der falsch proportionierte Körper erinnert an das Kopffüßlerschema, das in einer prägnanten Form gezeichnete Kreuz schwebt im Raum („air gap")[22] zwischen der Standlinie und der Himmelslinie. Diese Strukturierung des Raumes erinnert an das Konzept des „archaischen Weltbildes", wie es Fetz[23] anhand von Kinderzeichnungen untersuchte. Wie dominant diese Oben-unten-Polarität - auch als Gliederungsprinzip von Kinderzeichnungen - ist, zeigt sich daran, dass Kinder, wenn sie die Erde als Kreis einzeichneten, Häuser, Bäume und Gebirge gleichwohl der Unten-oben-Achse folgend eintrugen und im Bereich des Südpols einen Erdstreifen malten, beim Nordpol hingegen einen Himmelsstreifen.

---

[22] vgl. Lewis 1990, S. 69 f.
[23] vgl. Fetz 1985, S 111 ff.

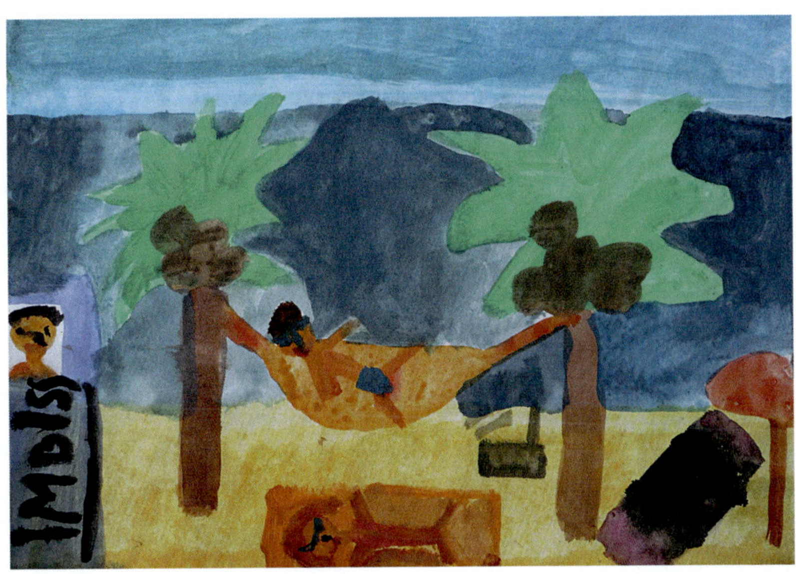

„In Spanien am Meer" (9,8 Jahre)
Bei dem Versuch, sich der Wirklichkeit anzunähern, entstehen häufig interessante „Zwitterbilder". Die schwierige Aufgabe, den Bildraum zu beherrschen, löst die Schülerin souverän. Es existiert ein Vorder-, Mittel-, und Hintergrund. Die Sonnenhungrigen werden um der Prägnanz willen simultanperspektivisch abgebildet. Das Handtuch rechts unter dem Sonnenschirm erzeugt durch seine parallelperspektivische Darstellung mit den in die Tiefe führenden Diagonalen Raum.

2.3 Phase der pseudonaturalistischen Darstellung

Mit Beginn der Pubertät streben die Kinder bzw. Jugendlichen danach, die Wirklichkeit in ihren Bildern erscheinungsgetreu abzubilden. Weil ihr bildnerisches Vokabular hierfür nicht ausreicht, entstehen Zeichnungen, die naturalistische Elemente mit schematischen vereinen. Oft entsteht eine gewisse Unzufriedenheit, weil Ziele zu hoch gesteckt werden. Außerdem lässt das Interesse der Erwachsenen an den Bildern nach. Eid/Langer/Ruprecht konstatieren: „Sie beurteilen die Bilder oberflächlicher, flüchtiger und zeigen weniger Verständnis und Einfühlungsvermögen."[24]
Häufig nimmt auch mit gesteigerter verbaler Ausdrucksfähigkeit die Benutzung der Bildsprache ab.
Der Kunstlehrer muss wissen, dass die bildhafte Artikulation in jeder Alterstufe auch ein Mittel zur Identitätsentwicklung und Selbstfindung ist und sollte zur Hilfestellung in der Lage sein.

[24] Eid/Langer/Ruprecht 1983, S. 58

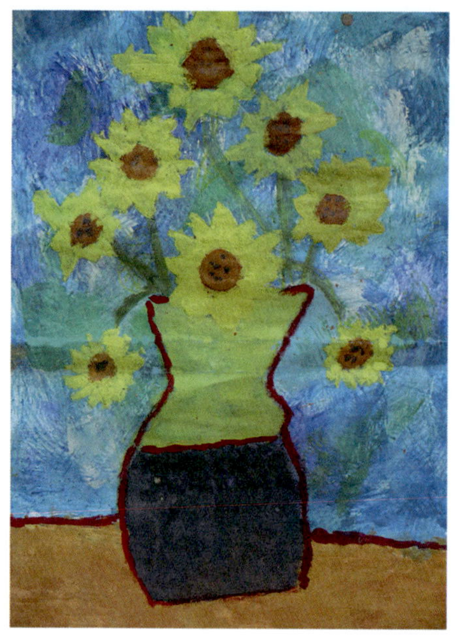

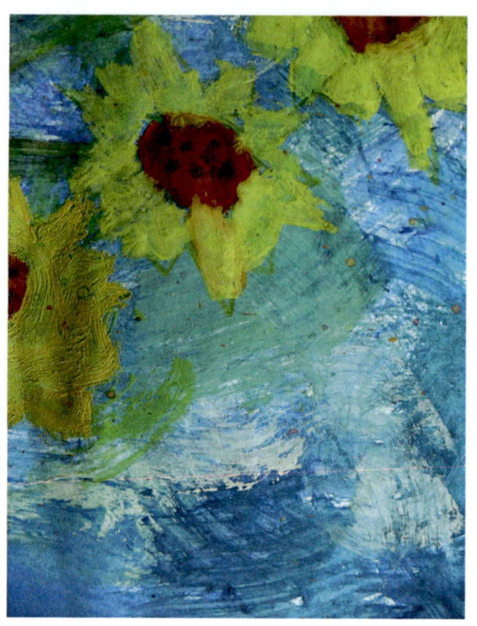

Bei den „Sonnenblumen" (12,5 Jahre) trägt der Kunstunterricht in der Schule Früchte. Während die Blumen und die Vase noch relativ schematisch abgebildet sind, ist der Hintergrund wunderbar malerisch in blauen Valeurs „geformt". Durch eine Lehrerdemonstration hatte der Kunstlehrer seinen Schülern gezeigt, wie man mit einer Zahnspachtel und verschiedenen Blautönen eine malerische Textur erzielen kann.

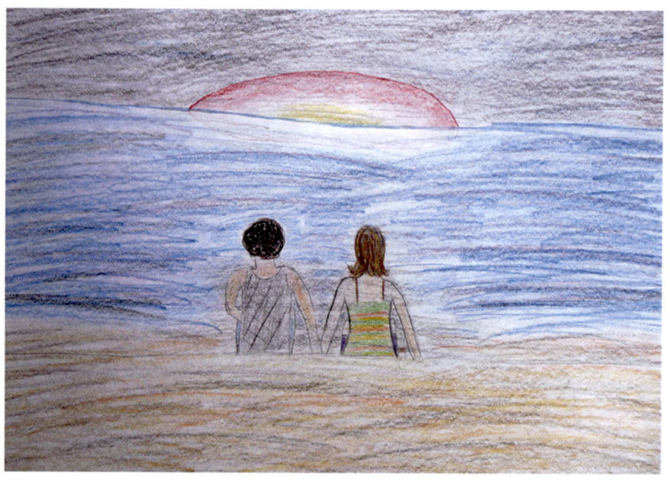

„Sonnenuntergang" (13,7 Jahre): Realismus mit romantischen Zügen

Jugendliche sehnen sich nach einer heilen Welt und Zweisamkeit. In Schülerbildern finden sich häufig klischeehafte Bildelemente. Will der Kunstlehrer Mal- und Zeichenschemata auflösen, kann er die Aufgabe anders formulieren: „Male oder zeichne einen Sonnenuntergang im Hochformat und ohne Rot".

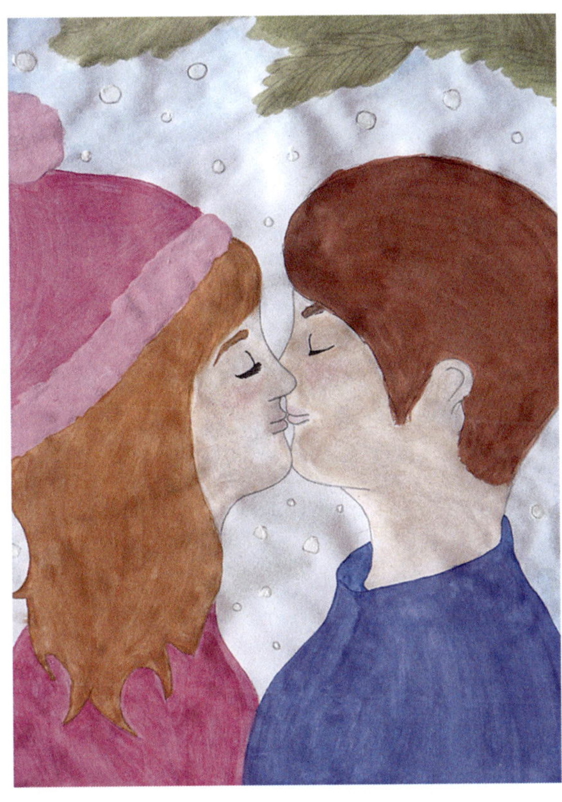

„Der Kuss" (14,5 Jahre)
Schülerbilder sind zunehmend geprägt von Stereotypen. Die Gesichtskonturlinie erinnert stark an die von Comicfiguren.

Wiegelmann-Bals[25] hat in ihrer Dissertation Kinderbilder im Kontext neuer Medien empirisch untersucht und kommt zu dem Ergebnis, dass sich in den verglichenen bildnerischen Arbeiten historische Veränderungen in der Motivstruktur wiederfinden. Während die älteren Zeichnungen märchenhafte Motive oder Alltagssituationen beinhalten, stellen die neueren Bilder auch Weltraumfantasien, Adaptionen von Comic-Darstellungen und politisch motivierte Inhalte dar. Auch konnte festgestellt werden, dass Kinder und Jugendliche vor 35 Jahren konzentrierter und ausdauernder bildnerisch gearbeitet haben. Eine intensivere inhaltliche und formal zeichnerische Auseinandersetzung manifestierte sich in komplexeren und differenzierteren Bildkompositionen.

[25] vgl. Wiegelmann-Bals 2009

Gründe hierfür sieht sie vor allem in:

- einem veränderten Modus der Kulturaneignung: Die Wahrnehmung der Kinder hat sich der schnellen, dynamischen, fluktualen Wechselfrequenz der bildhaften Eindrücke angepasst.
- dem Verdrängen des kontemplativen Rezipierens grafischer Zeichensysteme: Das Leben stellt sich nicht mehr in statischen Einzelbildern dar, sondern prozessual.
- geringen zeitlichen Ressourcen zur Ausbildung zeichnerischer Fähigkeiten: Kinder und Jugendliche widmen der Informationstechnologie mehr Zeit als dem bildnerischen Gestalten.
- einem Mangel an realen Erfahrungen: Das Erfahren von Wirklichkeit aus zweiter Hand anstatt ein „Be-greifen" der Welt durch sinnliche, taktile und haptische Erfahrungen wirkt sich vor allem auf das Darstellen von Formen aus, die nun weniger differenziert sind.
- einer Standardisierung von stereotypen Zeichenschemata und -strategien: Die Popularität und Dominanz von Figuren aus den Medien nimmt zu. Uniforme und standardisierte Zeichenschemata sowie stereotype Zeichenstrategien, wie sie beispielsweise bei den Mangas angewandt werden, setzen sich durch.

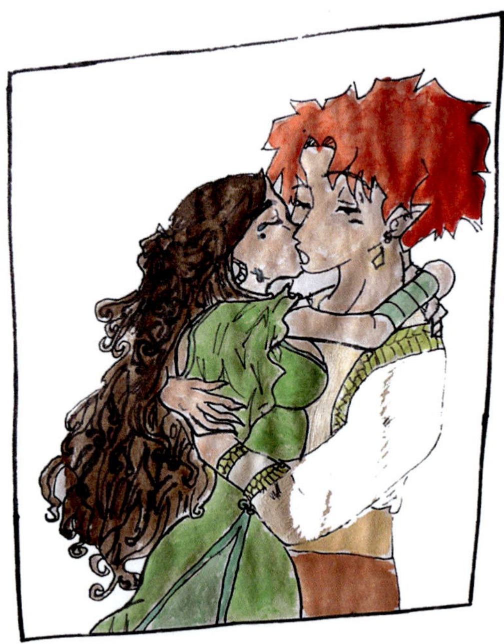

Diese „Kuss"-Variante zeigt deutlich den Einfluss japanischer Mangas. Manche Schüler üben das Zeichnen der Stereotypen intensiv und erlangen eine erstaunliche Professionalität im Darstellen von Figuren aus der Vorstellung heraus.

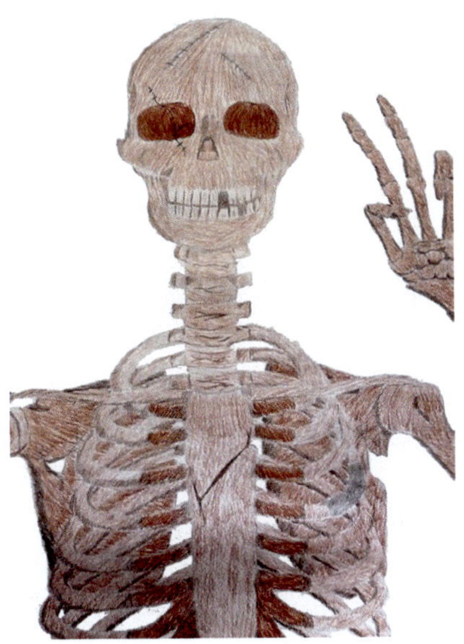

Das „Skelett" (14,8 Jahre) zeigt, dass sich Schüler von Schemata lösen können. Talentierte Jugendliche zeichnen und malen in der Phase des „visuellen Realismus" auf hohem Niveau. In der Adoleszenz stellen viele Heranwachsende das freie und spontane Zeichnen ein; die talentierten perfektionieren unterschiedlichste Stilformen, seien sie nun realistisch, surrealistisch, expressionistisch etc.[26]

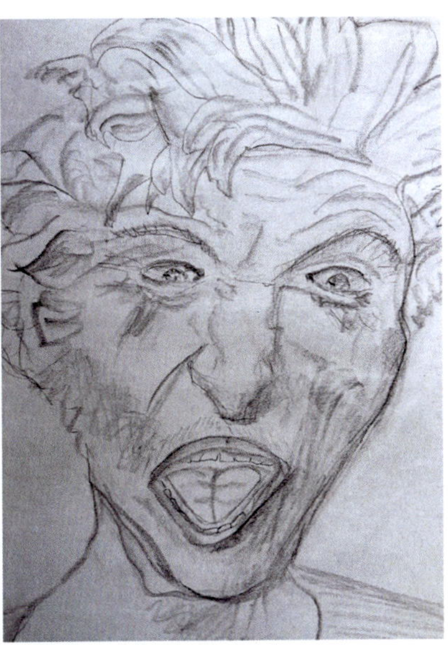

Das „Selbstporträt" (16,2 Jahre) zeigt expressive Züge im Zeichenstrich. Duktus und Gesichtsausdruck sind stimmig und weit entfernt von stereotypen Schemata.

[26] vgl. Mollenhauer 1996, S. 132 ff.

2.4 Die Bedeutung der Phasen für den Unterricht

Zunächst muss betont werden, dass die Entwicklungsstufen kein Fahrplan sind, an den sich die Kinder halten. Altersangaben sind niemals absolut und manche Kinder überspringen Teilphasen der bildnerischen Entwicklung oder verharren in einer Phase länger als andere. Auch das Zurückfallen in eine frühere Phase (Regression) ist denkbar.
Will der Kunstlehrer den Bildern und Schülern (auch bei der Bewertung) gerecht werden, muss er wissen, welche bildnerischen Probleme dem Alter und dem Entwicklungsstand entsprechend lösbar sind und sich zusätzlich auf heterogene Lernvoraussetzungen einstellen.
Mit der richtigen Aufgabenstellung (vgl. hierzu Kap. 4.5) machen die Schüler Könnenserfahrungen, die sich positiv auf die Motivation zur Gestaltung auswirken und den Schüler in seinem Handeln bestätigen.

2.5 Analyse von Kinderbildern

Das Malen von Bildern ist gängige Praxis in Familien, Kindergärten und Schulen. Kleine Kinder malen und zeichnen gerne und lassen sich wenig von Erwachsenen beeinflussen. Das Gestalten ist Form der individuellen Selbstaufmerksamkeit und Selbstartikulation und schließt verschiedene Strukturierungsdimensionen ein, wie entwicklungspsychologische, psychoanalytische, psychomotorische, soziale, kognitive und emotionale, die alle miteinander vernetzt sind.
Für den Elementarpädagogen Schäfer „entpuppt sich die Kinderzeichnung als ein sehr komplexes, kindliches Bildungsgeschehen. In ihr werden nicht nur Bilder von der Welt gebildet, sondern ebenso vom Subjekt selbst. Diese Bildung innerer und äußerer Bilder kommt jedoch nicht aus dem Nichts, sondern bedient sich elementarer Ausgangsmuster, psychischer und sozialer Möglichkeiten der Erfahrungsstrukturierung. Die Kinderzeichnung lässt sich damit als komplexes Produkt aus inneren und äußeren Strukturierungsprozessen betrachten"[27].
Kinderbilder können Nachahmungsbilder, Wunschbilder oder Erinnerungsbilder sein und Chiffren und Symbole enthalten. Freilich werden auch konflikthafte Erfahrungen thematisiert und Ängste verarbeitet. Jedoch muss davor gewarnt werden, die Chiffren und Symbole falsch zu interpretieren.
In einigen Handbüchern für Erzieher oder Kunsttherapeuten wird Kindern, die in ihren Bildern Gegenstände oder Menschen schwarz ausmalen oder schattieren, unterstellt, dass etwas mit ihnen nicht in Ordnung ist, da die unbunte Farbe symbolisch für Angst, Depression, Trauer, Hoffnungslosigkeit, Weltverneinung oder Bedrohung stehe.
Die politisch inkorrekte Aussage erinnert an Zeiten, in denen im Sportunterricht „Wer fürchtet sich vorm schwarzen Mann" gespielt wurde. Kinder verwenden Schwarz nicht unbedingt wegen des symbolischen Gehalts, sondern auch wegen ihrer Prägnanz als stark kontrastierende Gegenfarbe zu Weiß oder weil gerade keine andere Farbe zur Hand ist.
Das Fehlen von Wurzeln bei Baumdarstellungen verweist in besagter Literatur darauf, dass dem Kind eine haltgebende Familie bzw. ein Elternteil fehlt.

---

[27] Schäfer, 1995, S. 211 f.

Dem Kunstlehrer sollte klar sein, dass die Wurzeln auch deshalb fehlen können, weil auf dem Papier kein Platz mehr war oder weil die Wurzeln dem Kind nicht wichtig waren und die roten Äpfel der Baumkrone attraktiver sind.

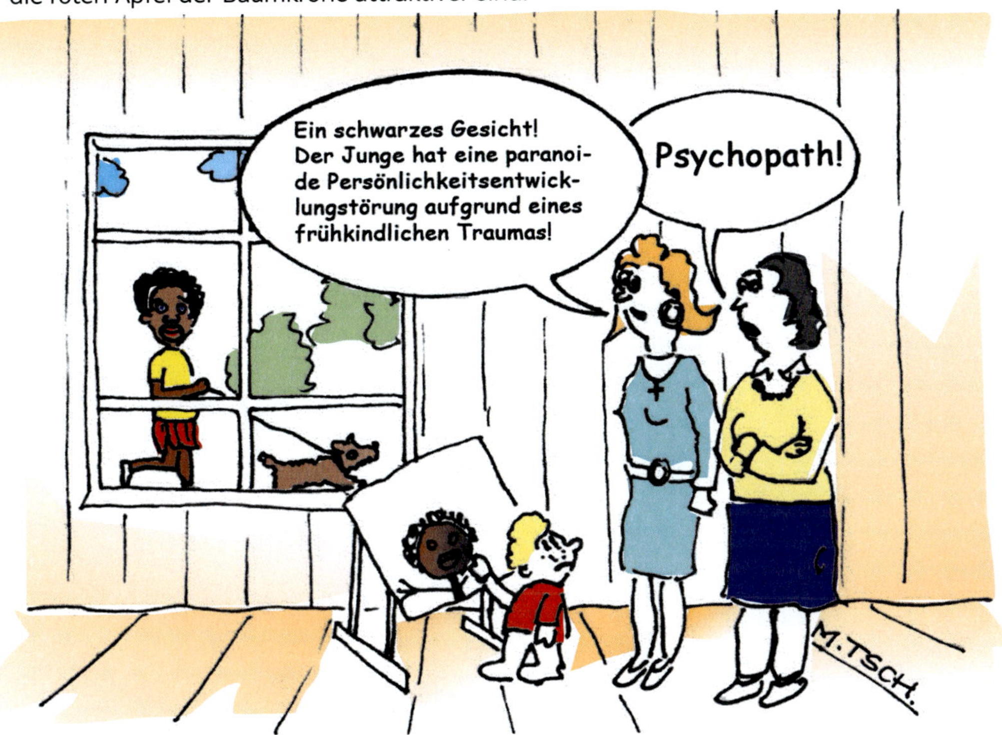

Kunstlehrer sollten Kinder- und Schülerbilder nach inhaltlichen und formalen Kriterien analysieren und mit psychoanalytischer Deutung vorsichtig sein.

2.6 Können Kinder Kunst schaffen?

Die ästhetische Qualität von Kinderbildern ist viel diskutiert worden, zumal die zeitgenössische („professionelle") Malerei viele stilistischen Übereinstimmungen mit Kinderbildern aufweist.

Argumente von Gegnern der Kinderkunst[28] :

- Ein Kind hat kein Kunstbewusstsein
- Kunst wird beim Gestalten nicht intendiert
- Es gibt keine ästhetische Absicht
- Die Denkstrukturen eines Erwachsenen (der Kunst intendiert) bilden sich erst im Jugendalter
- Nur eine „Persönlichkeit" kann Kunst hervorbringen.[29]

---

[28] vgl. Eid/Langer/Rupprecht 1983, S. 8 ff.
[29] vgl. Malraux 1949, S. 115

Befürworter von Kinderkunst argumentieren so:

- Kinder haben eine „apriorische Begabtheit, mit der das kleine Kind an das riesenhafte Erlebenspensum herantritt"[30]. Sie wirkt wie eine „natürliche Gnade"[31].
- Intellekt ist nur ein Teil des Bewusstseins, Emotionen sind eine ebenso wichtige Komponente. Kinder schaffen eine neue, von ihrem bildnerischen Vermögen geprägte, imaginäre Wirklichkeit, in der sie auf unbewusste Art Gesehenes, Erlebtes und Erfundenes verbinden. So zeigen sie eine „innere Wirklichkeit", nach deren Darstellung („professionelle") Künstler streben.
- Kinderbilder haben die zeitgenössische Kunst maßgeblich geprägt. Schon Klee, Kandinsky, Picasso, Dubuffet, Miro, Chagall oder die Gruppe Cobra haben kindliche Formqualitäten in ihre Arbeiten übernommen.
- Die Bildsprache des Kindes zeigt eine uneingeschränkte Natürlichkeit und bietet spontanen Genuss. „Es ist eine unbewusste, enorme Kraft im Kinde, die sich hier äußert und die das Kinderwerk dem Werke des Erwachsenen gleich hoch (und oft viel höher!) stellt."[32]
- Seit etwa 1960 wurde Kunst (z. B. mit Joseph Beuys) von der Notwendigkeit ästhetischer Qualität entbunden, Bewusstseinsbildung und -erweiterung wurden primäre Funktion. Durch die Öffnung des Kunstbegriffes wurde die Qualität der Kinderbilder in ein neues Licht gerückt. Während Avantgardisten häufig nach Innovation (anstatt nach Qualität) suchen, weil dies für sie der wichtigste Gradmesser für Kunst ist, gestalten Kinder mit bemerkenswertem Erfindungsreichtum in unzähligen Varianten ihres Formenrepertoires.

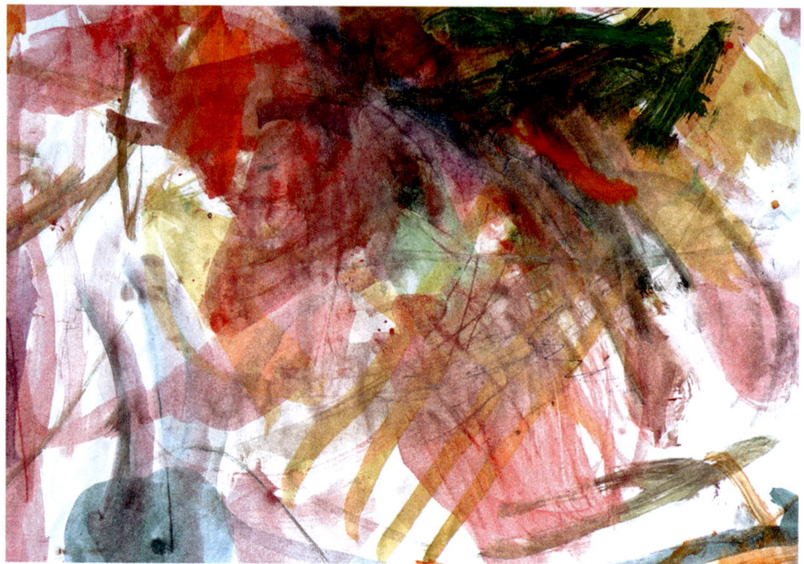

Deckfarbenbild (3,8 Jahre)

„Unsere Kindheit ist die einzige unverstümmelte Natur, die wir in der kultivierten Menschheit noch antreffen."[33]

---

[30] Hartlaub 1922, S. 15

[31] ebd.

[32] Kandinsky 1912, S. 169

[33] Schiller 1975, S. 26

Prüfungsfragen zu Kapitel 2

- Welche Phasen der bildnerischen Entwicklung kennt die Wissenschaft?
- Welche Rolle spielt der bildnerische Entwicklungsstand der Schüler für den Kunstunterricht?
- Nennen Sie Merkmale der Schemaphase!
- Kann Kritzeln Kunst sein?

Zusammenfassung Kapitel 2

Bildnerische Entwicklung

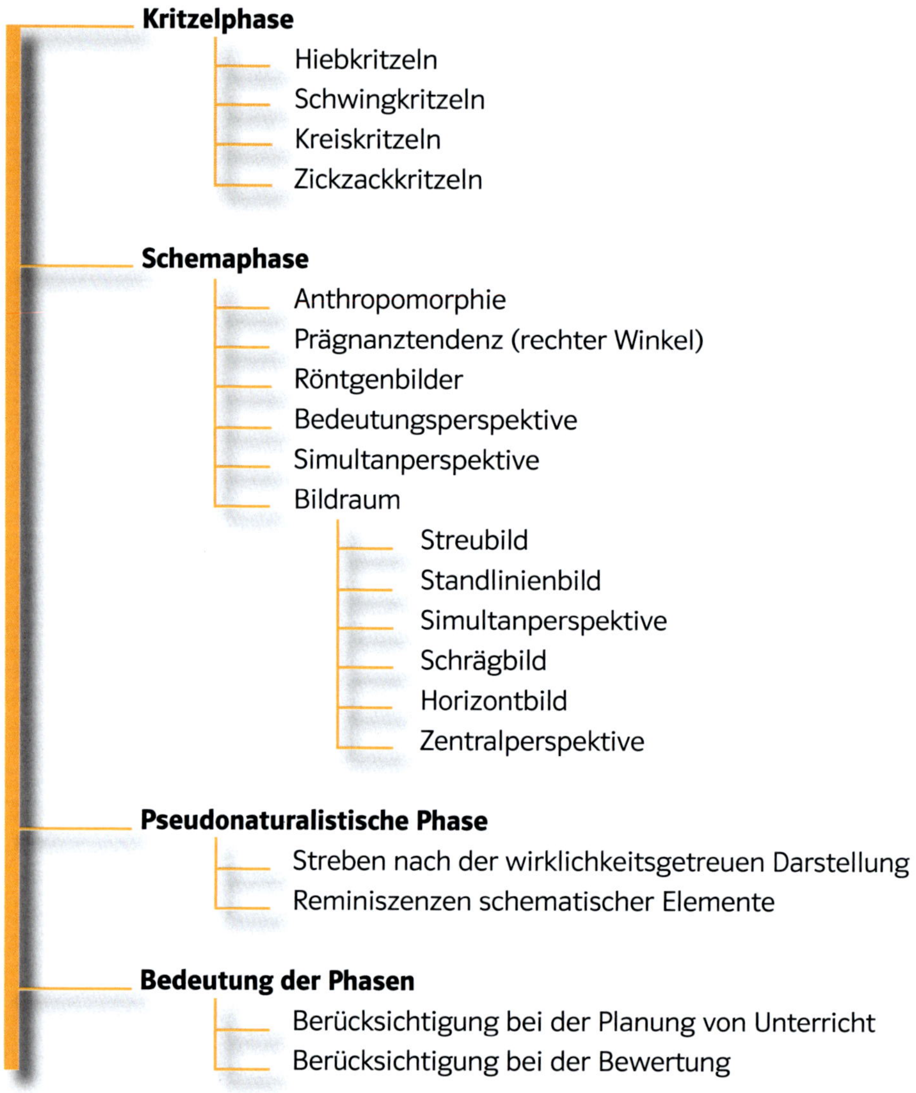

3. Lernbereiche

Im Folgenden sollen die wichtigsten Lehr- und Lerninhalte aus den klassischen Bereichen sowie dem Sekundärbereich der Kunst vorgestellt werden.

3.1 Grafik

Grafik (gr. *graphein* = schreiben, zeichnen, einritzen)[34] ist der Sammelbegriff für (künstlerische und technische) Zeichnungen, Druckgrafik, Werbegrafik und Schrift.
Grafiken haben verschiedene Funktionen:

- ornamental-dekorierend (schmückend)
- instrumental (z. B. bei einer Gebrauchsanleitung)
- präsentierend (z. B. bei einem Vortrag)
- interpretierend (z. B. als Karikatur)
- affektiv-emotional (z. B. bildnerischer Ausdruck eines Kindes)
- organisierend (z. B. Cluster-Zeichnungen)
- magisch (Höhlenmalerei der Vorzeit)
- vorbereitend (z. B. als Skizze für ein Gemälde)

Durch Künstler wie Goya oder Rembrandt wurde die Grafik jedoch auch zur autonomen Kunstgattung ohne Zweckbindung.

3.1.1 Grafische Mittel

Grafische Mittel sind Punkt, Linie und Fläche, wobei das vorrangige grafische bzw. bildnerische Mittel die Linie ist, da sie Bewegungsspuren charakterisiert, den Umriss von Formen bestimmt und durch ihre Verdichtung Flächen bilden kann.
In der Schule geht es darum, dem Schüler gezielten Einsatz und Wirkung grafischer Mittel näherzubringen.

„Klassische" Zeichenthemen für erste Erfahrungen mit Punkt, Linie und Fläche sind beispielsweise in folgenden Bildern verdeutlicht:

[34] Klein 1981, S. 84

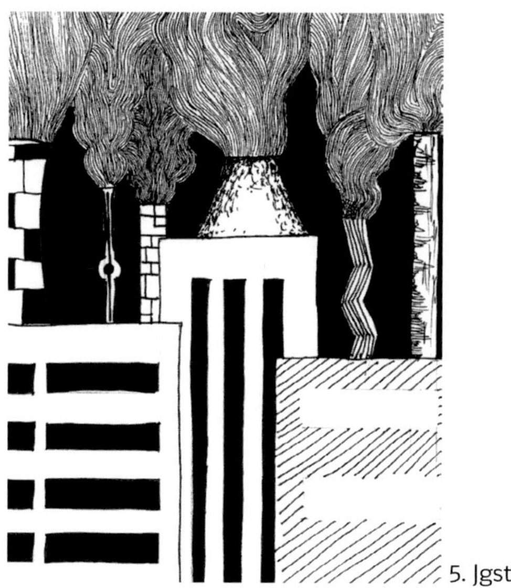

5. Jgst.

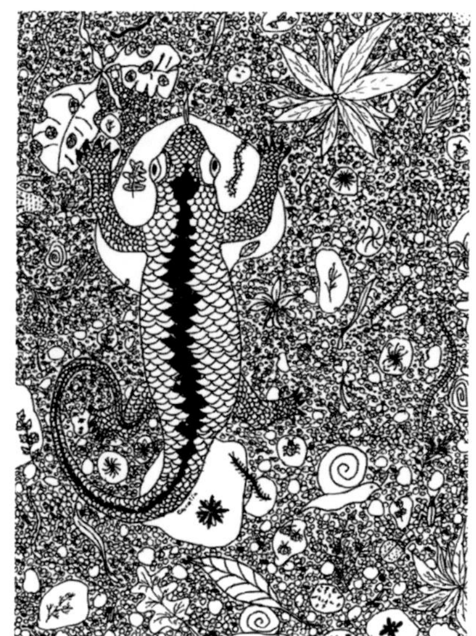

5. Jgst.

Die Themen „Schlote" und „Eidechse im Kiesbett" erlauben einen spielerischen Umgang mit den grafischen Mitteln. Der Schüler entdeckt, dass er mit Punkten und Linien Formen und Flächen darstellen und auch abgrenzen kann. Sowohl Konturlinie (z. B. bei den Blättern oder Steinen) als auch Binnenstruktur (bei den Schornsteinen oder der Eidechse) finden Anwendung. Außerdem wird der Reiz einer fließenden, eleganten Linie (der Rauch) vermittelt. Das vollflächige Schwarz (bei den Fenstern und im Hintergrund der Schlote) schafft einen starken Hell-Dunkel-Kontrast und zusätzlichen grafischen Reiz.

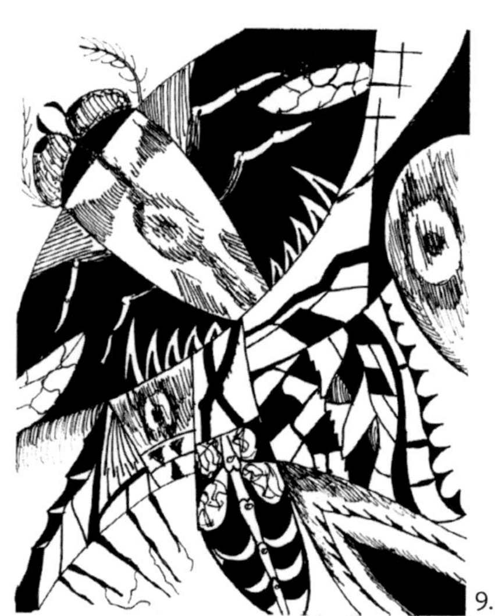

9. Jgst.

9. Jgst.

Bei dem „kubistischen Insekt" und dem „Zauberpilz" zeigt sich die starke grafische Wirkung, da vollflächiges Dunkel in die Grafik einbezogen wurde.

Über den Reiz oder auch die Erotik der reduzierten, autonomen Linie, die wie bei Picasso oder Matisse nicht nur Aufzeichnungs- sondern Offenbarungscharakter hat, wurde viel geschrieben. Der Lyriker Stéphane Mallarmé schwärmt: „Du bemerktest, man schreibt nicht licht auf dunklem Grund, das Alphabet der Gestirne allein zeichnet sich so ab, skizzenhaft oder abbrechend; der Mensch fährt fort, schwarz auf weiß."[35]

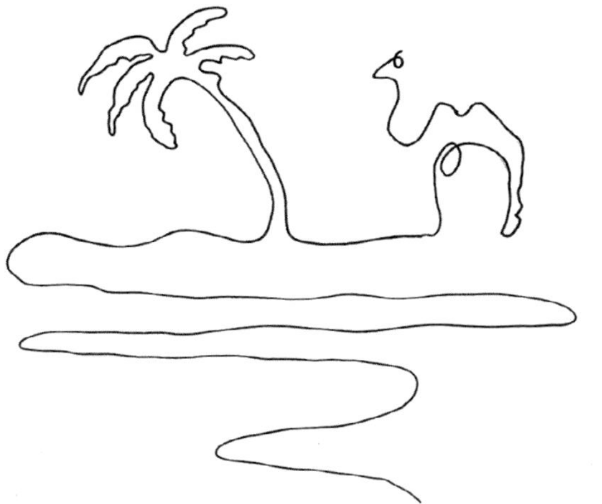

8 Jgst.

„All in a line"-Zeichnungen werden gezeichnet, ohne den Stift abzusetzen.

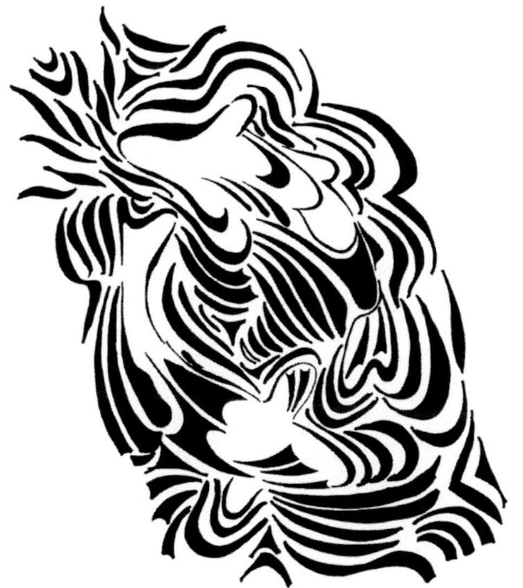

8 Jgst.

Geschickt angeordnete Linien schaffen den Eindruck von Bewegung.

Die „Koi"-Zeichnung erinnert mit ihren Bewegungslinien an die Op-Art („Optical Art")-Grafiken von Victor Vasarely oder Bridget Riley.

[35] Mallarmé 1998, S. 234 f.

Der Barcode oder Strichcode ist ein besonderer Linienzusammenschluss, der zum Symbol für Massenware, Massenkonsum, Konformität und Normierung wurde. Wegen seines grafischen Reizes provoziert er zur künstlerischen Auseinandersetzung in der Schule.

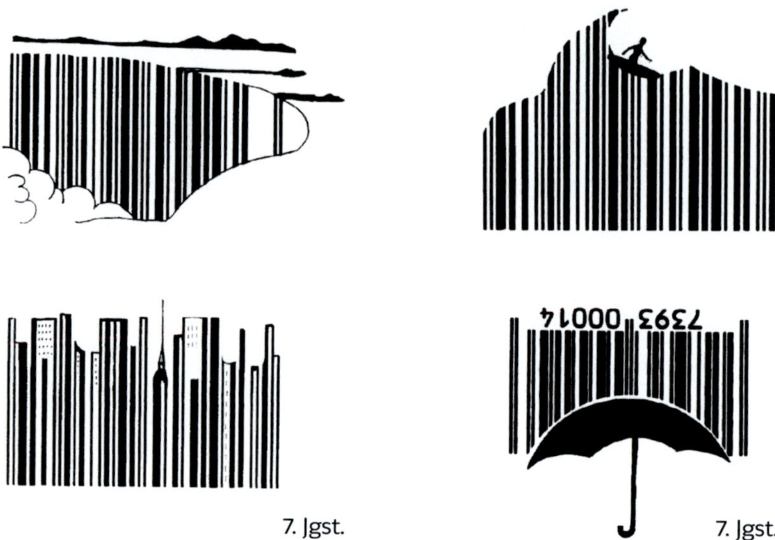

7. Jgst. 7. Jgst.

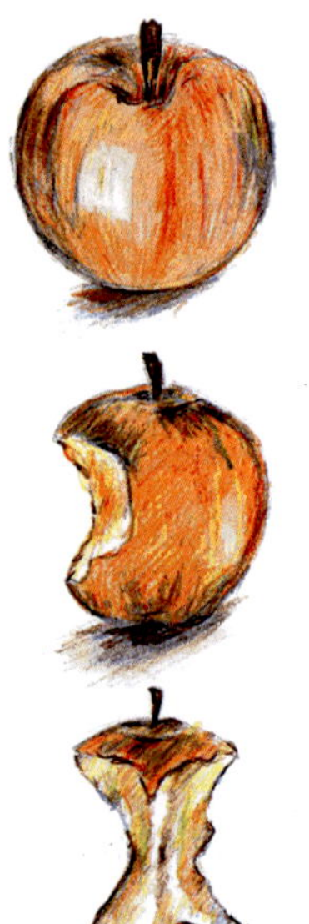

Ein Linienbündel, das in der Richtung des Verlaufs und in den Abständen eine Regelhaftigkeit aufweist, bezeichnet man als Schraffur. Durch Parallel- oder Kreuzschraffur wird eine Hell-Dunkel-Differenzierung erreicht. Doch nicht nur Grauwerte können erzeugt werden, sondern auch Stofflichkeit und Plastizität.

Bei der Prozessstudie „der Apfel schmeckt" (im Unterricht wird abwechselnd gegessen und gezeichnet) erzielt der Schüler durch feine Schraffuren mit Farbstiften nicht nur grafischen Reiz, sondern auch Räumlichkeit und Plastizität.

7. Jgst.

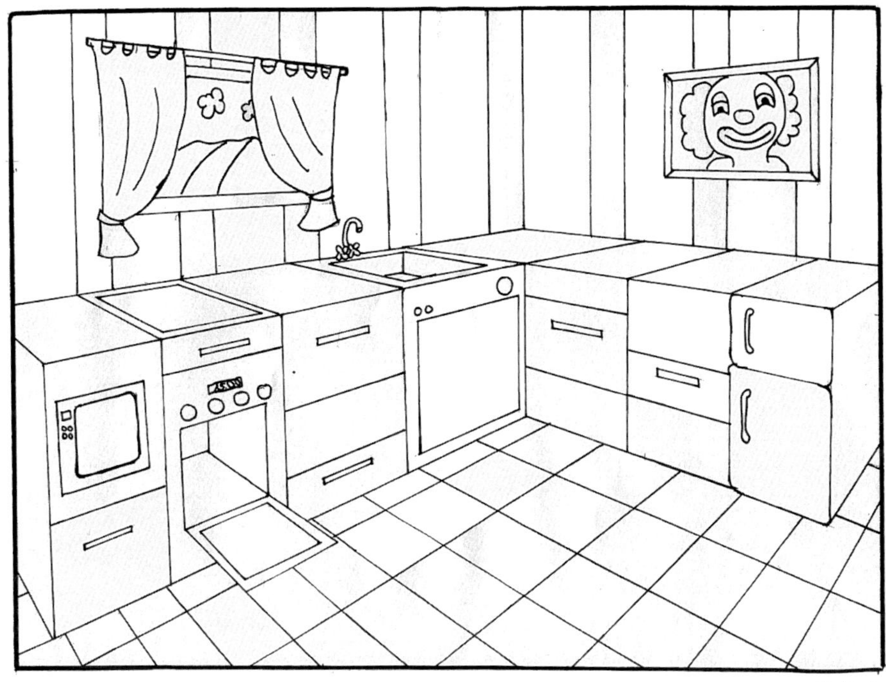

8. Jgst.

Bei der „Traumküche" vermischt sich die autonome Handzeichnung mit einer Konstruktion durch zwei Fluchtpunkte. Hier zeigt sich die raumdarstellende Funktion der Linie.

Das klassische Zeichenmittel oder Zeichenwerkzeug ist in der Schule der Bleistift mit Grafitmiene. Für den Kunstunterricht eignen sich weiche Bleistifte, die man an der Bezeichnung „B" (black) erkennt. Je höher die Ziffer, desto weicher die Miene. Mit einem 6B Bleistift kann der Schüler leicht Hell-Dunkel-Kontraste und tonale Abstufungen zeichnen, was mit einem 2H Bleistift (H = hard) schwer möglich ist. Für viele Themen ist ein schwarzer Fineliner dienlich.

Als Zeichenmittel in der Schule bieten sich außerdem an:

Kreide, Kohle, Tusche und Feder (Metallfeder, aber auch Vogelfedern).
Unter dem Motto „Zeichnen kann man mit allem, was Spuren hinterlässt" lohnt ein Kleinprojekt, bei dem Schüler mit (auch selbst mitgebrachten) Zeichenwerkzeugen aller Art explorieren.

Auch mit ungewöhnlichen Zeichenmitteln, wie z.B. im Pausenhof von Sträuchern oder Bäumen abgerissenen, kleinen Zweigen, kann man erstaunliche Effekte erzielen.

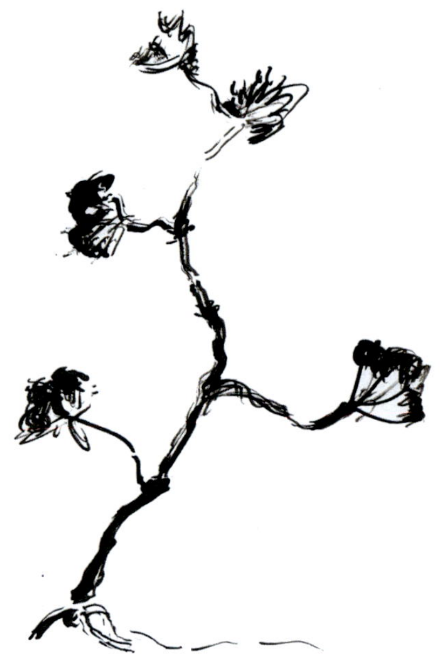

6. Jgst.

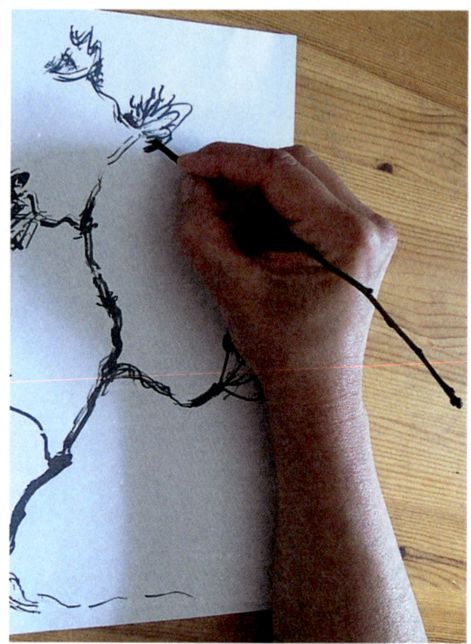

6. Jgst.

Durch die ausgefranste Bruchstelle an der Zweigspitze entsteht beim Zeichnen ein stofflich differenzierter Strich, der von seinem Charakter her gut zur Darstellung von Pflanzen und Bäumen passt. Übrigens kann man nicht nur „mit" allem, sondern auch „auf" allem zeichnen: Papier, Papyrus, Pappe, Haut, Folie, Holz, in den Sand ...

Die nebenstehende Schülerzeichnung („ein durch atomare Strahlung morphologisch geschädigtes Insekt") verdeutlicht einen wichtigen Zeichengrundsatz, den Kimon Nikolaides treffend formulierte: „Zeichnen zu lernen ist in Wirklichkeit eine Sache des Sehenlernens - des richtigen Sehens - und das bedeutet eine ganze Menge mehr, als lediglich mit den Augen zu sehen."[36]

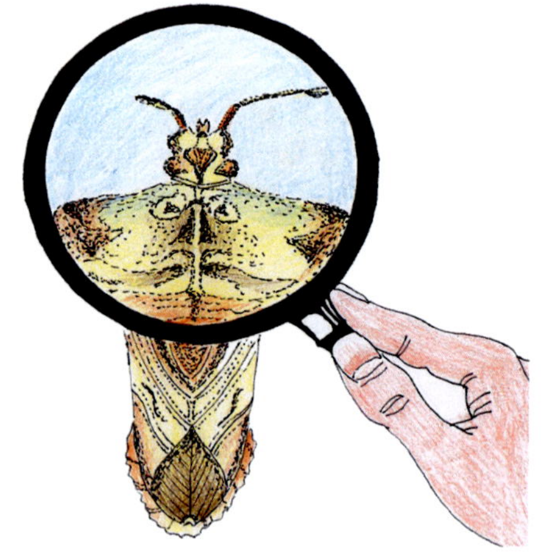

9. Jgst.

[36] Nicolaides 1941, S. 29

3.1.2 Druckgrafik in der Schule

Neben den klassischen Hochdruckverfahren (Holz- oder Linolschnitt: das Abgedruckte ist erhaben), Tiefdruckverfahren (Radierung: die Farbe wird aus Vertiefungen einer Kupfer- oder Zinkplatte gepresst) und Flachdruckverfahren (Lithografie: Steindruck) spielen im Kunstunterricht vor allem die grafischen Zwischenverfahren, z. B. die Frottage (Durchreibetechnik) oder der Materialdruck eine große Rolle, da der Schüler hier mit relativ geringem Aufwand kreativ Bildwirkungen erforschen kann. Wie auch die Zeichnung hatte die Druckgrafik zunächst eine dienende Funktion (Reproduktion von Gemälden und Vervielfältigung von Werbeplakaten). Doch durch die Expressionisten (wie Edvard Munch) und Kubisten (wie Pablo Picasso) wurde Druckgrafik zur autonomen Kunstgattung.
Für Schüler liegt der Reiz der Drucktechnik im Umgang mit Werkzeugen und Werkstoffen. Drucktechnik hat einen anderen Charakter als Malerei oder Zeichnerei, da exakte Planung, sorgfältig durchgeführte Handlungsabläufe, handwerkliche Tätigkeit und multipliziertes Ergebnis einen großen Reiz ausüben. Viele Kunstlehrer scheuen die Techniken, da ihre Durchführung zeitaufwändig und eine Werkstatt mit Druckerpresse nötig ist.

Im Folgenden soll am Beispiel des Linolschnitts (ohne Presse) gezeigt werden, dass auch im Klassenzimmer ohne Presse gedruckt werden kann:

Die künstlerisch und handwerklich interessante und vielfältig anwendbare Technik des Linolschnitts kann als ideale Heranführung an Druckverfahren angesehen werden, da sie leicht und schnell erlernbar ist und im Vergleich zu komplizierteren Hochdrucktechniken wie dem Holzschnitt oder den Tiefdrucktechniken wie der Radierung oder dem Siebdruck im Kunstunterricht viele Vorteile bietet.
Künstler mit Weltruhm wie Pablo Picasso, Maurice de Vlaminck oder Henri Matisse nutzten diese Technik, wenn sie großflächigere, gröbere Motive bearbeiteten.
Eine Renaissance erlebte der Linolschnitt durch den Namibier John Ndevasia Muafangejo (1943–1987), den Düsseldorfer Alexander Esters (geb. 1977) und den aus dem Bayerischen Wald stammenden Wahl-Münchner Ludwig Gebhard (1933–2007), der technik-untypisch Schnitte mit Siebdruckcharakter herstellte. Hier zeigt sich, wie vielseitig diese Technik angewandt werden kann.

Als Vorzüge für die Schule können aufgezählt werden:

- leichte, schnelle Erlernbarkeit
- geringe Kosten
- kein Fachraum und keine Presse notwendig
- problemlose Reproduktion und vielseitige Verwendung als Bild im Klassenzimmer, im Jahresbericht, in der Schülerzeitung, als Plakat, zum Verkauf bei Schulfesten, als Geschenk mit individuellem Charakter …

- Schulung der motorischen Fähigkeiten und Entwicklung eines kunsthandwerklichen Geschicks
- Erfolgserlebnisse für praktisch begabte Schüler, die beim Zeichnen und Malen oder in anderen Schulfächern häufig Misserfolge haben
- hoher Lernerfolg durch Handlungsorientierung, vom denkenden Handeln der Planung bis zur manuellen Handlung
- Eignung zur Projektarbeit und zum Kennenlernen moderner Produktionsverfahren wie der Inselfertigung

Das benötigte Material

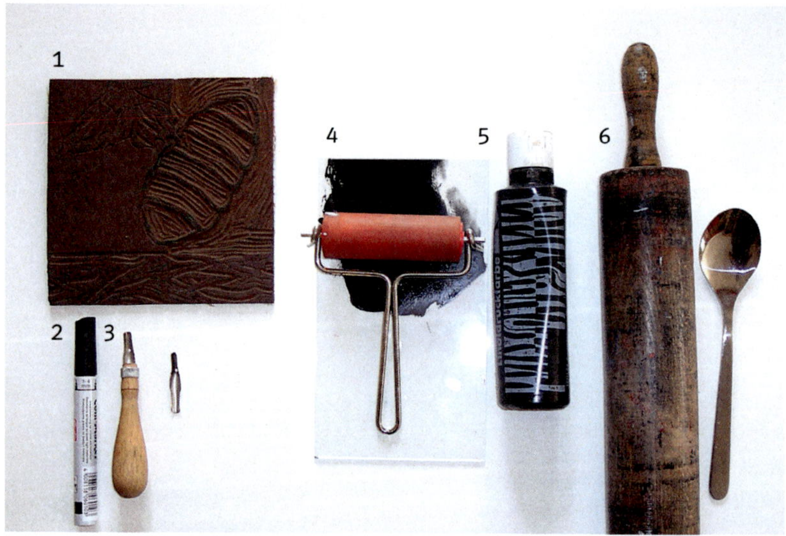

1) Linoleumplatte: Fußbodenlinoleum ist weniger geeignet, da es meist härter und damit schwer zu bearbeiten ist. Die für die Schule produzierten Platten sind auch für Anfänger ideal und kostengünstig.
2) Wasserfester Stift bzw. Durchschlagpapier: Damit wird das Motiv auf die Platte übertragen.
3) Halter für Schneideklingen mit Hohleisen (U-Klinge) und Geißfuß (V-Klinge): Ein „U" für breite Linien und Flächen und ein „V" für feine Linien reichen völlig aus. Eine mit Klingen und Haltern gefüllte Schachtel, die von Klasse zu Klasse weitergegeben wird, ist für den Schulbetrieb sinnvoll.
4) 1–2 Farbwalzen
5) Farbe: Linoldruckfarbe ist wasserlöslich und mischbar. Andere Farben (wie z. B. Dispersionsfarbe oder Malkastenfarbe) sind weniger geeignet.
6) Nudelholz und (oder) Löffel
7) Papier: Grundsätzlich kann jedes Papier verwendet werden. Sehr dicke und grob strukturierte Papiere sind allerdings weniger geeignet.

Der Prozess:

1) Übertragen des Motivs

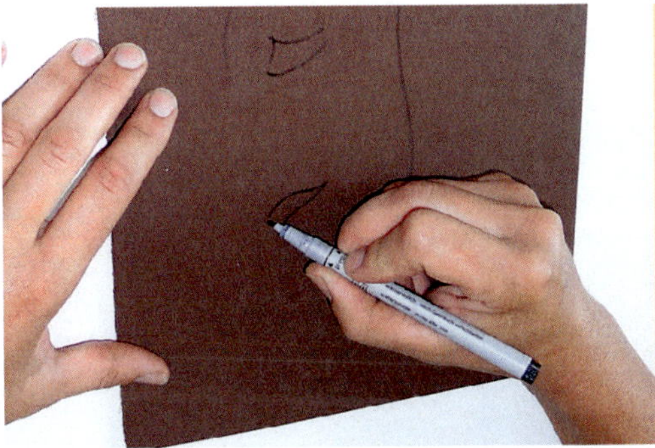

Das Motiv und auch Schrift erscheint nach dem Druck spiegelverkehrt.
Mit Durchschlagpapier kann die Vorlage exakt übertragen werden.

2) Schneiden des Motivs

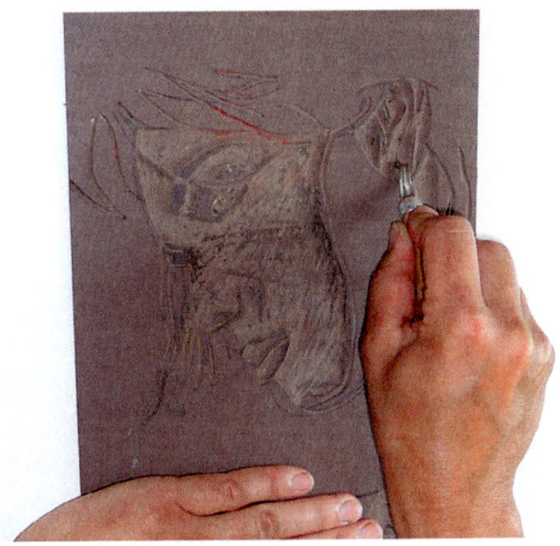

Folgende Grundregel muss eingehalten werden:
Es wird vom Körper weg geschnitten. Die Hand, die die Platte hält, liegt stets hinter der schneidenden Hand.
Halten Sie Heftpflaster parat, da es zu Beginn immer wieder zu kleinen Schnittverletzungen kommen kann, weil sich Schüler nicht an die Regeln halten.

3) Einwalzen der Platte

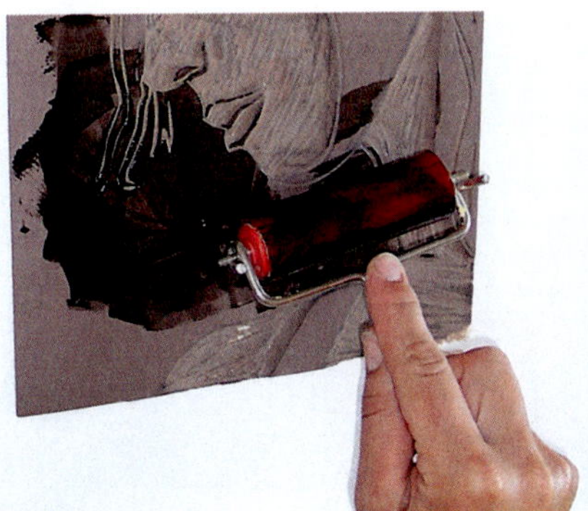

Einige Schüler entwickeln erstaunliche Fähigkeiten beim Einwalzen, andere beim Drucken. Nutzen Sie die Talente der Schüler, indem Sie Schüler zu Spezialisten machen. In einer Druckwerkstatt ist Teamwork gefragt.

4) Drucken

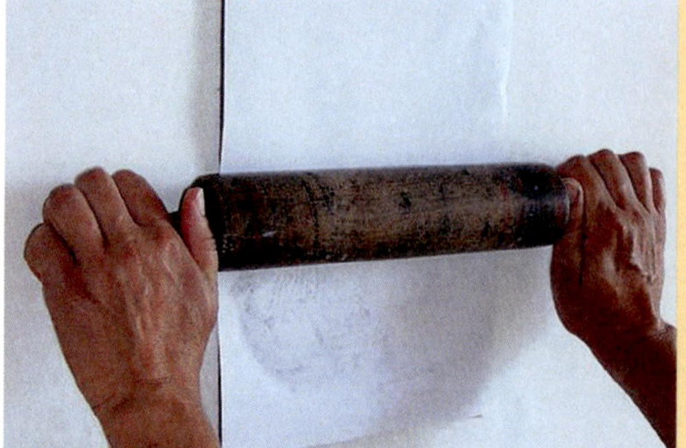

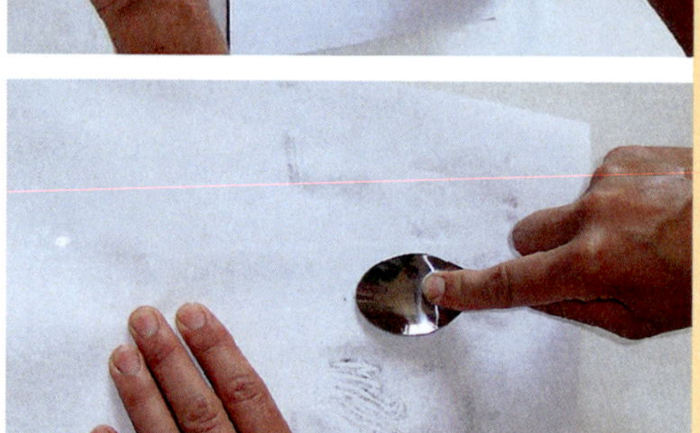

Die eingewalzte Platte wird zentriert auf das Papier gelegt. Platte und Papier werden zusammen umgedreht.

Methode 1:
Mit hohem Druck (mit dem Gewicht des Körpers) wird mit dem Nudelholz (in verschiedene Richtungen) über das Papier gewalzt.

Methode 2:
Man reibt mit dem Löffel über das Papier. Hier entsteht durch die kleine Auflagefläche der Wölbung des Löffels ein hoher Druck. Vorsicht: Hier entsteht Wärme!

Die Methoden können auch kombiniert werden.

Klassische Themen:

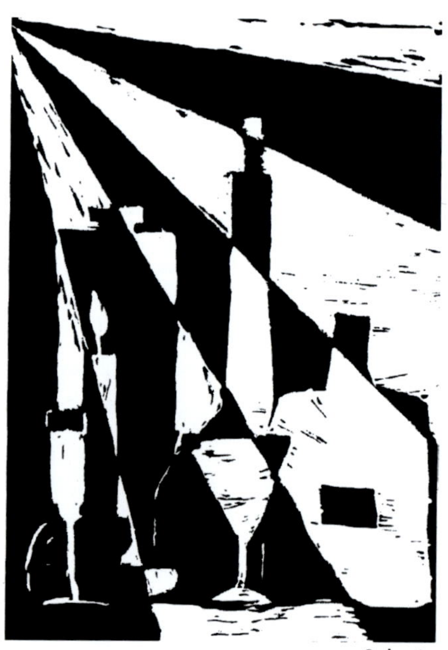

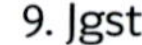

9. Jgst.

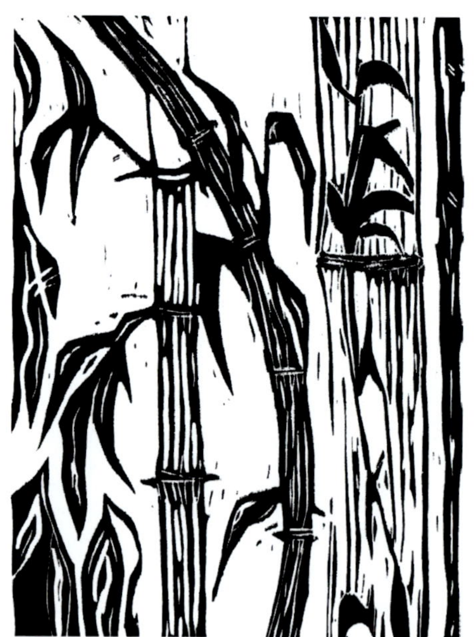

9. Jgst.

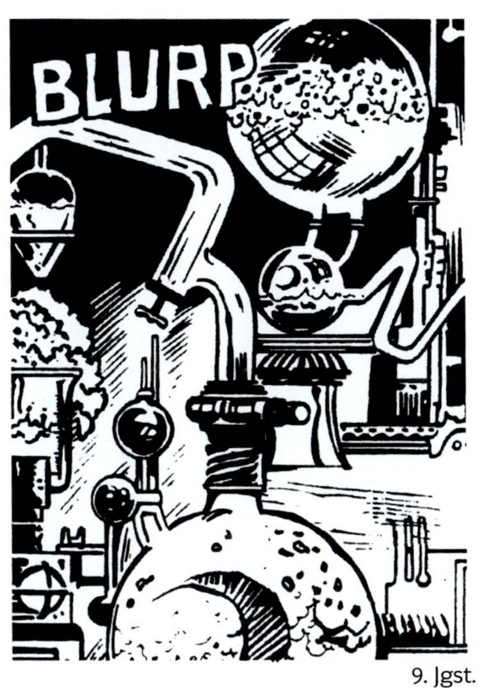

9. Jgst.

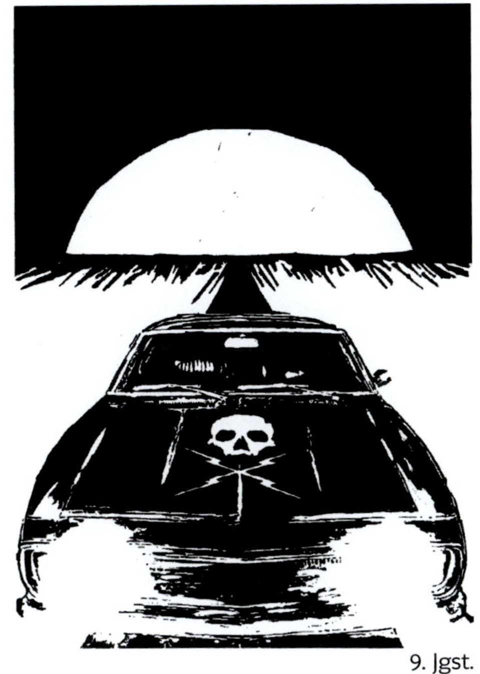

9. Jgst.

Farblinolschnitte:

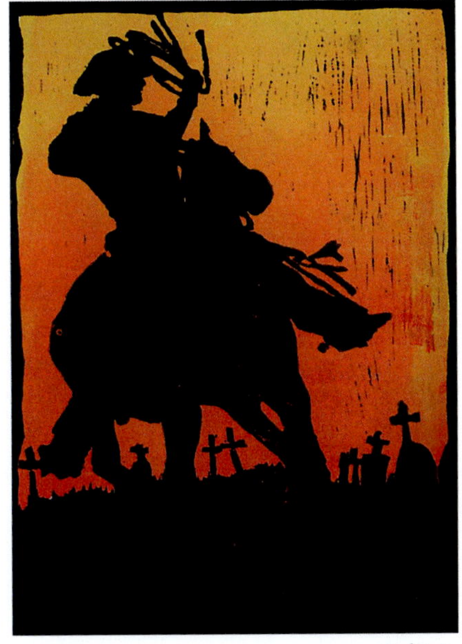

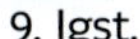
9. Jgst.

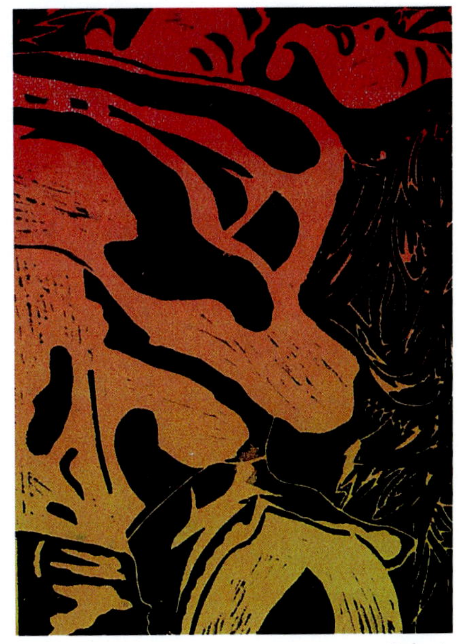

9. Jgst.

Linolschnitt-Experimente:

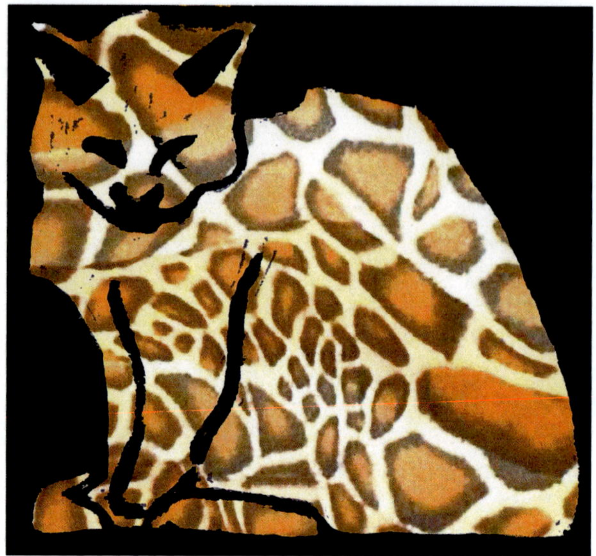

9. Jgst.

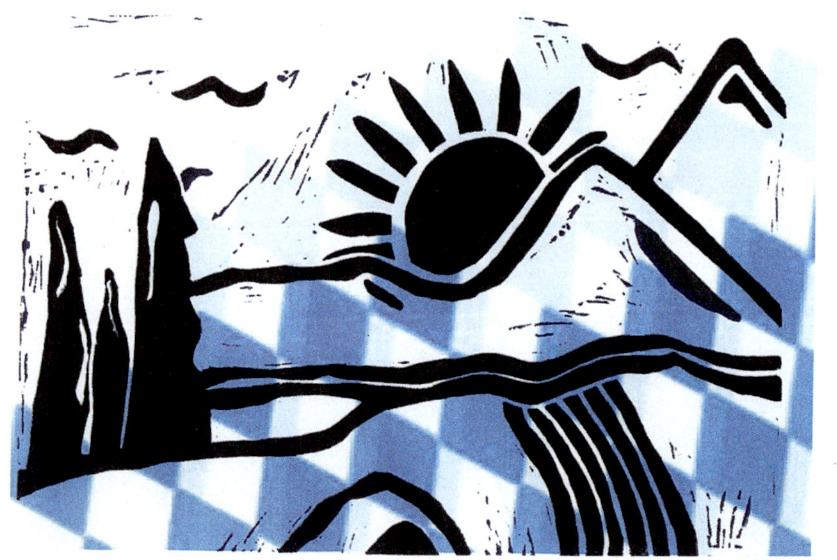

9. Jgst.

Nicht nur der Linolschnitt, sondern alle Druckverfahren verlocken zum Experimentieren mit Material und Technik. Gerade die Zwischenverfahren erlauben kreatives Vorgehen:

Borkenkäferdruck:

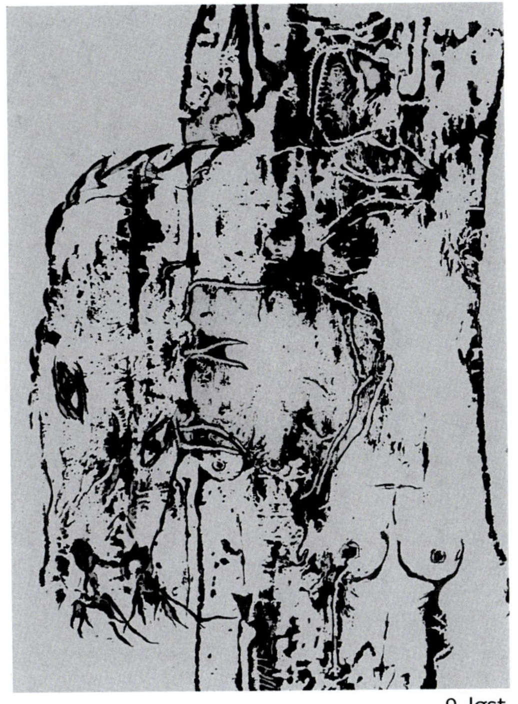

9. Jgst.

Hier wurde im Wald Borkenkäferrinde gesucht, in warmem Wasser eingeweicht, geglättet und als Druckstock verwendet. Der Druck reizte zum Ergänzen durch zeichnerische Elemente.

Körperabdruck (Anthropometrie):

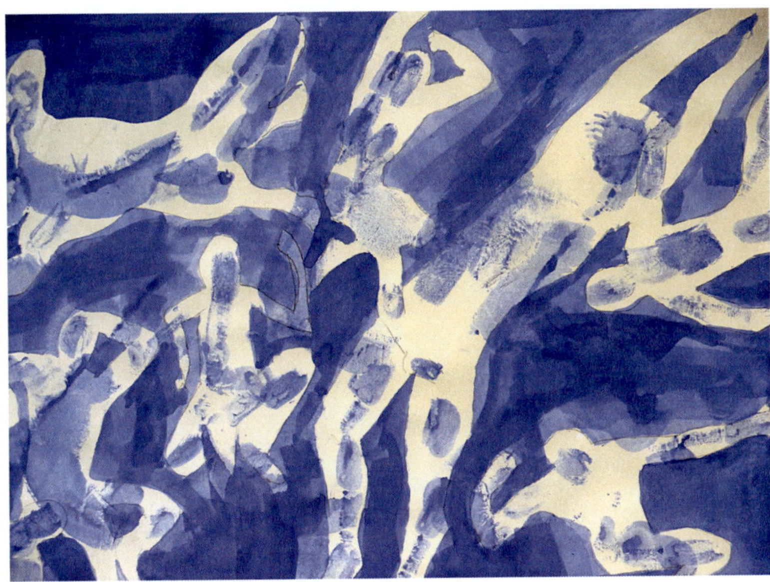

7. Jgst.

Die sogenannten „Anthropometrien" von Yves Klein sind hier Vorbild. Der Franzose bemalte nackte Frauen mit blauer Farbe und rollte sie über weiße Leinwand. Diesen Vorgang zelebrierte er als Happening mit Musikuntermalung. In der Schule dienen Handballen, Finger oder Unterarm als Druckstock. Nach dem Drucken werden tanzende oder sich bewegende Figuren in den Körperabdrücken gesucht (Apperzeption) und mit Bleistift um die blauen Spuren herum gezeichnet. Die Körper bleiben (als Negativ) weiß und werden in unendliches Blau getaucht.

Die Frottage

Die Technik erfand der deutsche Surrealist Max Ernst, als er an einem regnerischen Tag in einem Gasthaus am Meer saß und am Fußboden die Rillen und Furchen im Holz betrachtete. Er legte Papierbogen darüber und rieb die Maserung mit einem weichen Bleistift durch. In den Frottagen sah er: „Blätter und ihre Adern, die ausgefransten Ränder eines Leinenläppchens, die Pinselstriche eines modernen Gemäldes, einen abgespulten Faden und vieles mehr ... Da begannen meine Augen zu sehen: menschliche Köpfe, die verschiedensten Tiere, eine Schlacht, die mit einem Kuss endet."[37]

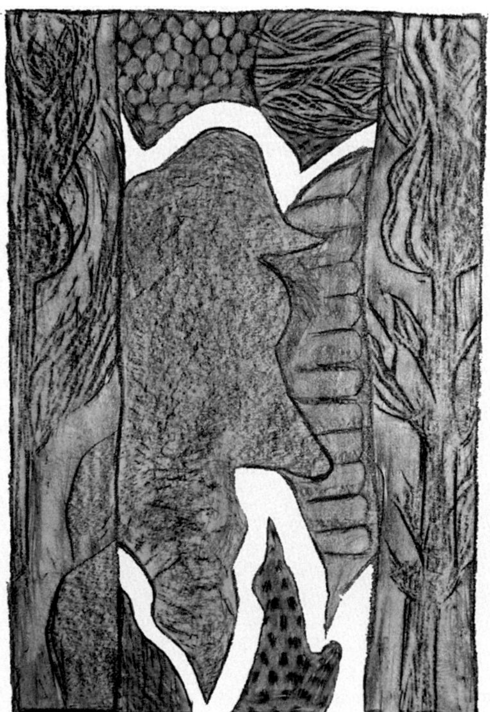

8. Jgst.

Die Schülerin ließ sich von Max Ernsts Bildsprache beeinflussen.

[37] vgl. Wilhelm/Wloka 1979, S. 148

Auch beim Drucken gilt: Man kann mit allem drucken, was Spuren hinterlässt: Moosgummi, Kartoffeln, Pappschablonen, Blätter, Fliegengitter, Beilagscheiben, CDs ...
Beim Drucken zeigt sich ein häufig ungeachteter Aspekt des Faches Kunst. Bei (kunst-)handwerklichen Tätigkeiten kann der Schüler seine Neigung und Eignung für handwerkliche Berufe überprüfen, da viele Lernziele im sensumotorischen Bereich liegen.

3.2 Farbe und Malerei

Farbe erfüllt verschiedene Funktionen:

- ornamental-dekorierend
- schmückend-gliedernd (z. B. bei Hausfassaden)
- orientierend (z. B. Farbleitsystem)
- symbolisch (Farbe wird zum Gleichnis: Rot steht für Liebe, Grün für Hoffnung)
- therapeutisch (Farbtherapie, Gestaltung von Schulen, Krankenhäusern ...)

In der Malerei stand jahrhundertelang der Darstellungswert der Farbe im Vordergrund (die Stofflichkeit, Härte, Dichte, Rauheit oder Glätte eines Materials wird illustriert). Auch wenn beispielsweise Leonardo da Vinci bei seinem „Sfumato" mit einem speziellen Farbauftrag (durch Lasurschichten) den Eindruck einer trüben Atmosphäre intendierte und Farbe hier einen zusätzlichen Zweck erfüllt, so bestimmte trotzdem der Gegenstand die Farbe. Erst die Impressionisten und vor allem die Expressionisten lösten die Malerei vom Zwang, Farbe dem Objekt unterzuordnen und betonten den Eigenwert der Farbe. Durch die Autonomie der Farbe entstanden völlig neue Ausdrucksmöglichkeiten. Wegbereiter hierfür waren van Gogh und Gauguin, dann beispielsweise Kirchner, Nolde, Munch und Kandinsky. Abstrakte Kunst (wie z. B. bei Mondrian) bedient sich autonom der malerischen Mittel, völlig ohne jeden Gegenstandbezug.
In der Schule wird dem Schüler die Möglichkeit gegeben, die Funktionen und Wirkungen von Farbe auszuprobieren. Dazu gehört auch eine Unterweisung in elementare Grundkenntnisse der Farbtheorie.
Was das Material betrifft, sollte nicht am falschen Fleck gespart werden. Den Farben billiger Malkästen fehlt die Leuchtkraft und Intensität, da sie wenig Farbpigmente enthalten. Acrylfarbe ist zum Einsatz in der Schule sehr gut geeignet, da sie in ihrer Konsistenz einen hohen Aufforderungscharakter besitzt. Auch sollte das Malen auf einem festen, stabilen Grund wie z. B. Holz, Malpappe oder Leinwand zumindest gelegentlich ausprobiert werden, da die Ergebnisse weniger schulischen Charakter haben, sondern professionell wirken. Dies fördert die Selbstwirksamkeit der Schüler. Ideal zum Malen ist ein Kunst- oder Werkraum, in dem (aus Dachlatten selbst gezimmerte) Staffeleien stehen, an welchen die Schüler im Stehen großformatig malen können.

3.2.1 Farbenlehre: Farbkreis und Farbkugel

Isaac Newton und Johann Wolfgang von Goethe beschäftigten sich intensiv mit Farbenlehre. Goethe waren seine Forschungen auf dem Gebiet der Farbtheorie ebenso wichtig wie sein literarisches Schaffen und sie fanden auch bei anderen Theoretikern wie Philipp Otto Runge Anklang.

Ein für die Schule dienliches Modell, um in die Welt der Farben einzuführen, ist der sechsteilige Farbkreis:
Die Primärfarben Rot, Gelb und Blau sind die Ausgangsfarben einer additiven Farbmischung. Sekundärfarben (Orange, Grün, Violett) sind Mischungen aus zwei benachbarten Primärfarben.

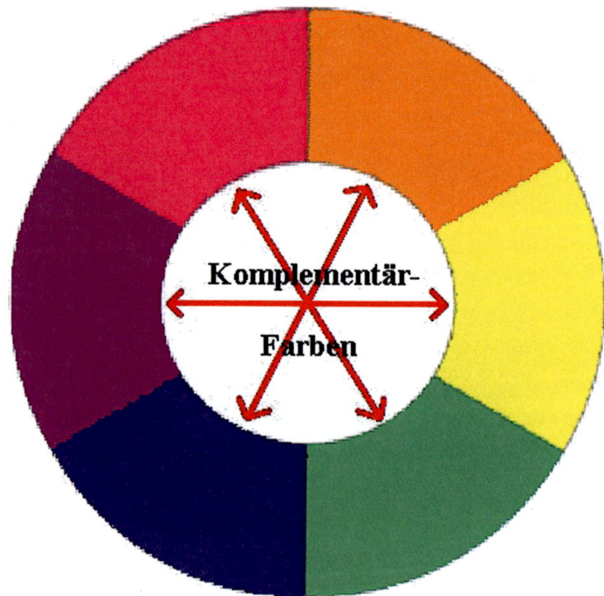

Die Komplementärfarben (Gegenfarben) liegen sich gegenüber. Rot ist die Komplementärfarbe zu Grün, Gelb zu Violett und Blau zu Orange. Beim Malen nebeneinandergesetzt, ergänzen sich Komplementärfarben zur höchsten Leuchtkraft, mischt man sie jedoch, entsteht ein neutrales Grau.

Der Farbtheoretiker Johannes Itten zeigt in seinem 12-teiligen Farbkreis wie aus der Mischung von Primärfarben und Sekundärfarben Farben dritter Ordnung (Tertiärfarben) entstehen.

Gelb und Orange gemischt ergibt Gelb-Orange, Rot und Orange Rot-Orange etc.

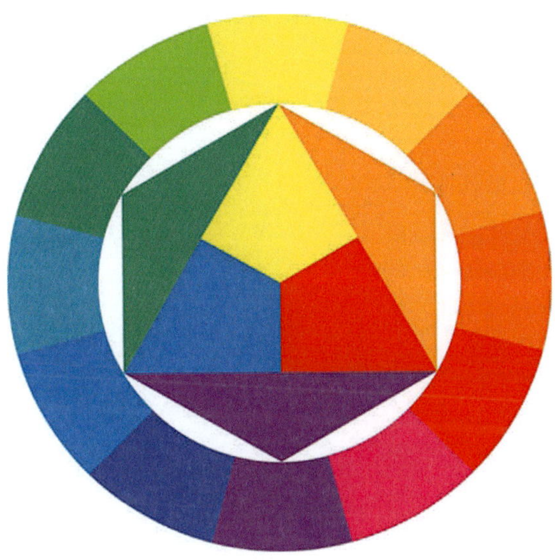

Ein erweitertes Modell, um die Welt der Farben zu erläutern ist die vom Romantiker Philipp Otto Runge entworfene dreidimensionale Farbkugel.

Sieht man die Kugel als Globus, verläuft am Äquator der 12-teilige Farbkreis. Die Pole bilden die unbunten (Nichtfarben) Schwarz und Weiß. Im Kern der Kugel befindet sich theoretisch das neutrale Grau.

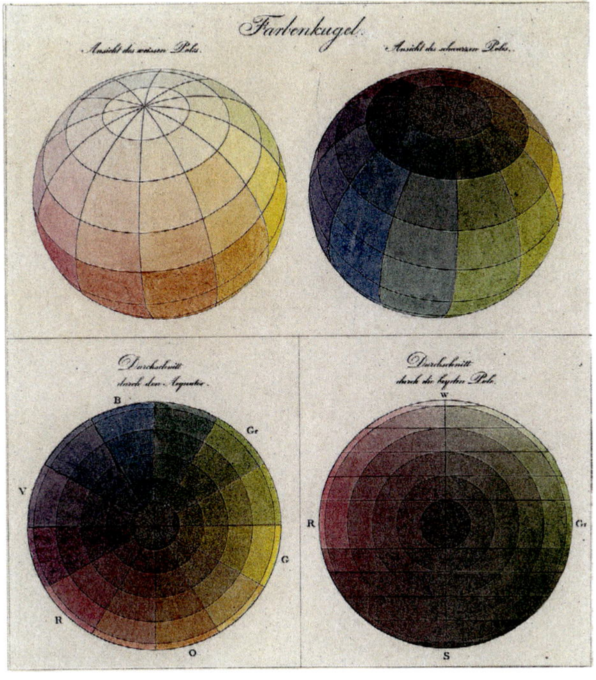

Durch Mischung der Farben des Äquators mit Schwarz und Weiß kann man Farben aufhellen oder abdunkeln. Das Grau als Mittelpunkt ergibt sich aus der Tatsache, dass alle reinen Farben, alle Mischfarben und ebenfalls Schwarz und Weiß jeweils gemischt Grau ergeben.

3.2.2 Farbkontraste

Farben beeinflussen sich gegenseitig. Diese Effekte sind entscheidend für die Bildwirkung. Johannes Itten[38] nennt 7 Farbkontraste, die sich auch als bildnerische Mittel, Ziele und Inhalte in den Lehrplänen finden.

1. Der Hell-Dunkel-Kontrast:
Rembrandt, Caravaggio oder Velazques waren Meister des Hell-Dunkel-Kontrasts. Er verleiht ihren Bildern eine große Spannung und Dramatik.

2. Der Kalt-Warm-Kontrast:
Rot-, Orange- und Gelbtöne gelten als besonders warme Farben, da sie an Sonne, Wärme und Feuer erinnern. Blau- und Grüntöne (Eis, Wasser, Himmel) stehen für Kälte.

3. Der Komplementärkontrast:
Komplementärfarben nebeneinander ergänzen sich zur höchsten Leuchtkraft.

4. Der Qualitätskontrast:
Kontrast zwischen reinen, leuchtenden und trüben, gemischten Farben.

5. Der Quantitätskontrast:
Der Mengenkontrast stellt verschieden große Farbflächen gegenüber. Wenn Farben in bestimmten Verhältnissen vorliegen, ergeben sich Farbharmonien. Beispielsweise entspricht ein Teil Orange zwei Teilen Blau und ein Teil Gelb etwa drei Teilen Violett. Rot und Grün entsprechen sich in gleichen Anteilen.

6. Der Farbe-an-sich-Kontrast:
Dieser einfache Kontrast entsteht, wenn Farben ungetrübt in ihrer Leuchtkraft wie bei Matisse, Miro, Kandinsky oder Mondrian verwendet werden.

7. Der Simultankontrast:
Betrachtet man eine weiße Fläche, die von einer grünen umgeben ist, so erscheint die innere Region nicht mehr weiß, sondern es wird ein schwacher Farbton wahrgenommen, welcher der Komplementärfarbe entspricht. Die induzierte Farbe wird durch den Simultankontrast hervorgerufen.

---

[38] vgl. Itten 2003

Unterrichtsbeispiele:

Starke Hell-Dunkel-Kontraste faszinieren.

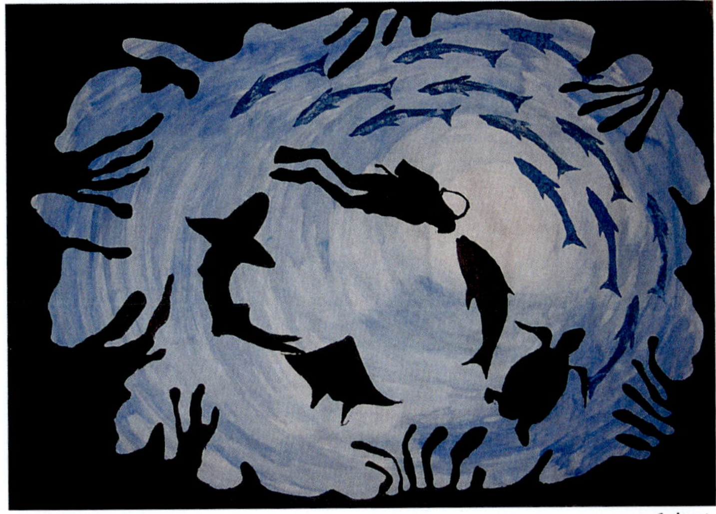

6. Jgst.

Bei dem Bild wird der Taucher von unten gesehen. Im Gegenlicht wird der Hell-Dunkel-Kontrast zum Schwarz-Weiß-Kontrast, dem größtmöglichen Kontrast polarer Werte. Taucher und Meeresbewohner wurden mit selbstgefertigten Schablonen gestempelt. So haben auch schwache Schüler ein Erfolgserlebnis.

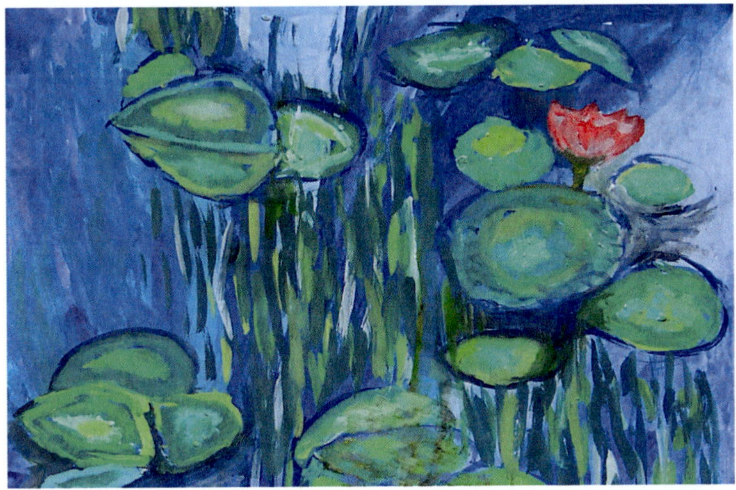

7. Jgst.

Eine Hommage an Monet. Eine „warme" Seerosenblüte kontrastiert mit ihrer „kalten" Umgebung.

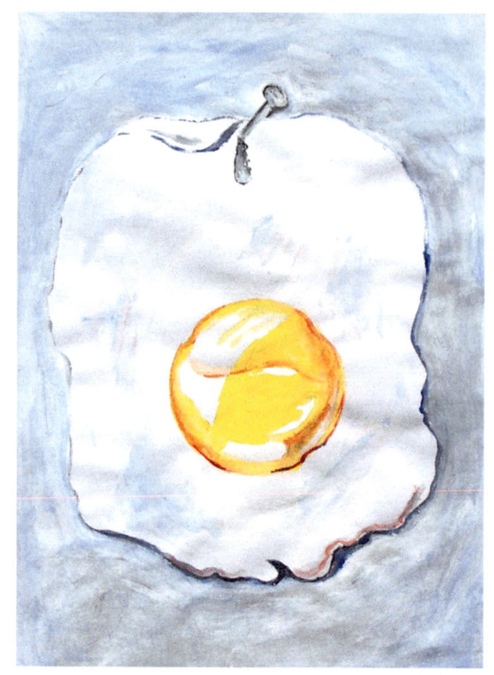

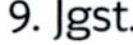

9. Jgst.

Beim „Spiegelei" haben die Farben unterschiedliche Qualität. Der leuchtend gelbe Eidotter dominiert den unauffälligen, in gemischten Grautönen gehaltenen Hintergrund.

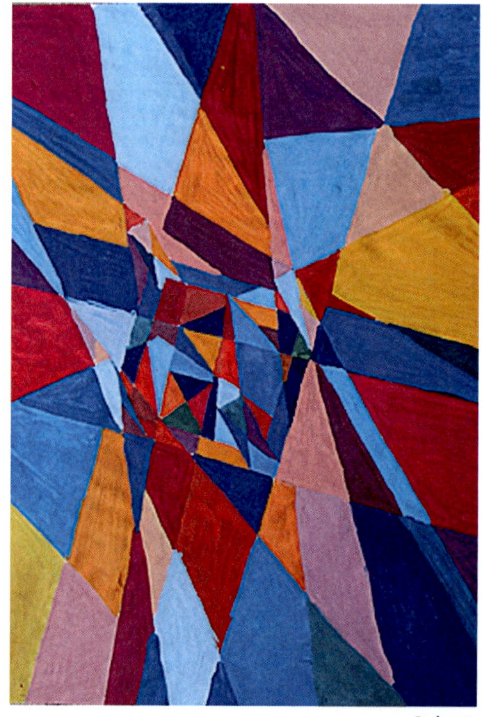

8. Jgst.

In den „Kristallfantasien" halten sich Blau- und Orangetöne durch den größeren Anteil der Blautöne optisch die Waage. Durch den Quantitätskontrast entsteht Harmonie.

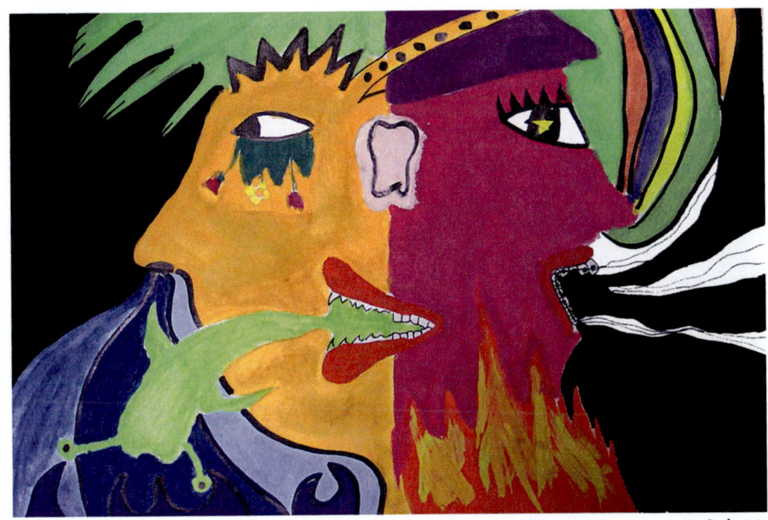

8. Jgst.

Der Januskopf ist komplementär angelegt. Orange kontrastiert mit Blau, Rot mit Grün. Die dem Thema eigene Ambivalenz kommt so gut zum Ausdruck.

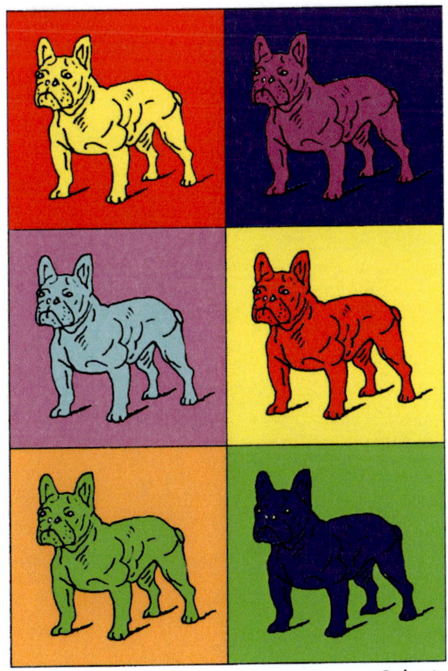

8. Jgst.

Der Farbe-an-sich-Kontrast spielt in der Pop-Art eine Rolle. Die reinen Farben des geklonten Hundes betonen den seriellen Bildcharakter.

Aus didaktischer Sicht ist von Bedeutung, dass Farbkontraste als bildnerische Mittel nicht über einen deduktiven Weg („Wir malen heute ein Bild mit Komplementärkontrast") erarbeitet werden, sondern über induktive Methoden. Die Erkenntnis, dass Rot zu Grün stark kontrastiert und die Farben sich gegenseitig in der Leuchtkraft steigern, sollte vom Schüler selbst gewonnen werden, indem er die Wirkungen in der Explorationsphase der Stunde z. B. mit Farbkärtchen testet. Die Frage „Welche Farbe sollte der Papagei haben, damit er sich vom grünen Dschungel abhebt?" beantwortet sich so wie von selbst.

3.2.3 Komposition

Einfache Kompositionsregeln im Hinblick auf einen bewussten, formalen Bildaufbau können Inhalte des Kunstunterrichts sein.

Zu den Elementen der Komposition gehören:
- die Anordnung der Bildteile (z. B. Figuren)
- die Perspektive
- das Kompositionsschema (z. B. pyramidal)
- Teilungsverhältnisse (z. B. der goldene Schnitt als harmonisches Teilungsverhältnis)
- Verwendung von Licht
- Ordnungsprinzipien (z. B. Reihung, Ballung, Gruppierung, Streuung, Symmetrie, Asymmetrie)
- Verwendung von Farbe
- Verwendung von Proportionen

Unterrichtsbeispiele:

Ein beliebtes Thema im Kunstunterricht der Primarstufe ist das Ordnungsprinzip mit der Unterscheidung von Streuung und Ballung.

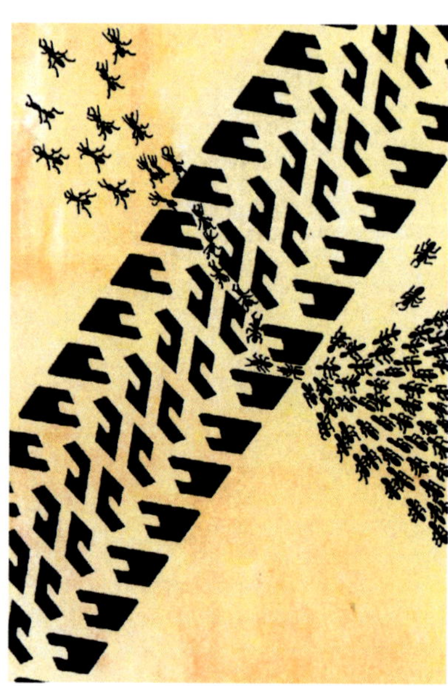

4. Jgst.

Ameisen wagen die Überquerung einer Autoreifenspur.

Die bildnerischen Mittel Senkrechte, Waagrechte, Diagonale, Überschneidung und Größenstaffelung und ihre Wirkungen sind Inhalt einer Kunststunde zum Thema „Live dabei".

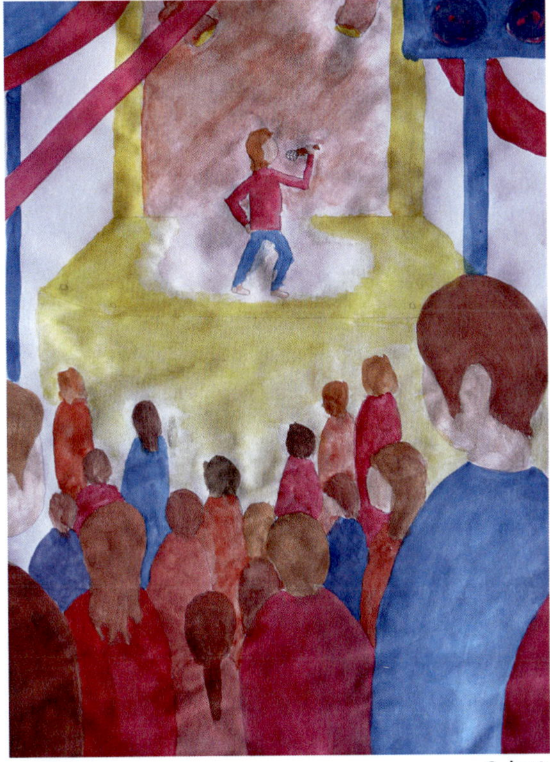

8. Jgst.

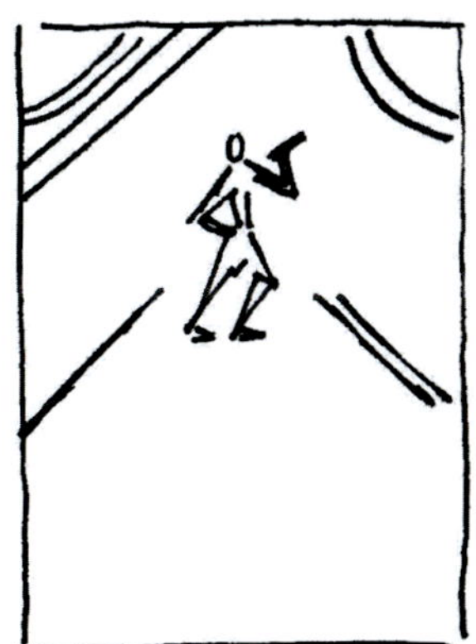

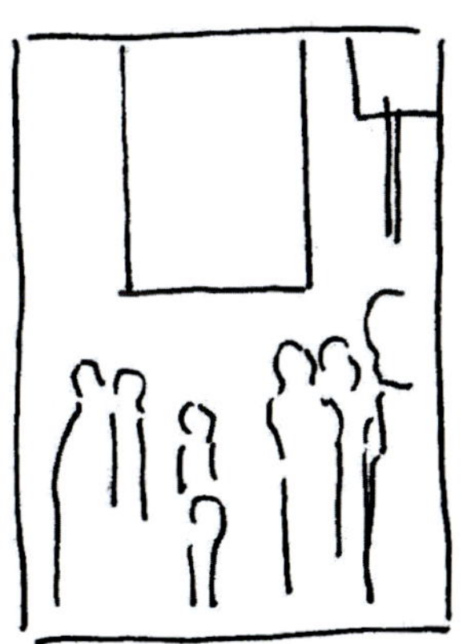

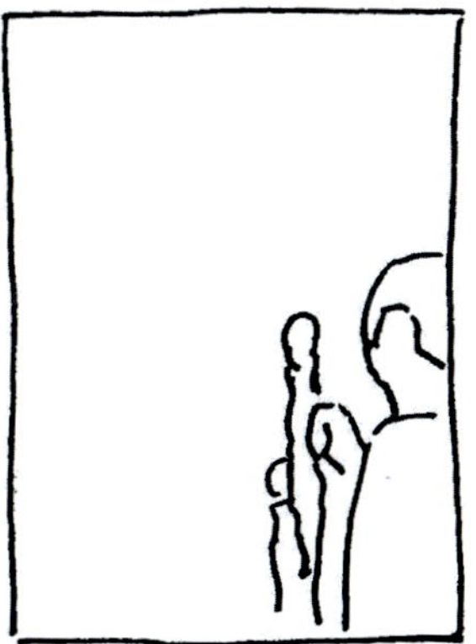

Die Skizzen veranschaulichen die Wirkung der bildnerischen Mittel: Die Diagonalen erzeugen Spannung und Dynamik, die Senkrechten und Waagrechten beruhigen die Komposition und die Überschneidung und Größenstaffelung schaffen räumliche Tiefe.

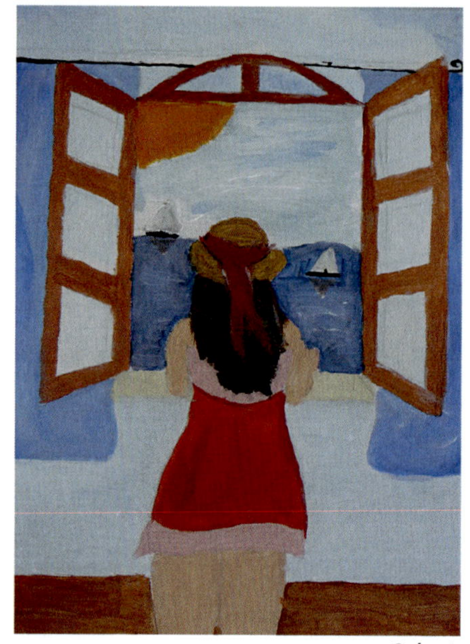

8. Jgst.

Einen einfachen Bildaufbau zeigt das Gemälde nach dem klassischen Motiv „Mädchen am Fenster", von dem es unzählige Variationen (z. B. von Vermeer, Hofer, Murillo oder Dali) gibt. Die Komposition beeindruckt gerade durch ihre Schlichtheit und ist für Schüler transparent. Das Bild benötigt einen Hintergrund (der Blick durch das Fenster), einen Mittelgrund (eine Wand mit Fenster und Vorhang) und einen Vordergrund (das Mädchen).

3.3 Collage

Über die Collage sagt Max Ernst: „Die Collage-Technik ist die systematische Ausbeutung des zufälligen oder künstlich provozierten Zusammentreffens von zwei oder mehr wesensfremden Realitäten ... und der Funke Poesie, welcher bei der Annäherung dieser Realitäten überspringt."[39]

Ursprünglich meinte der Begriff Collage ein geklebtes Papierbild (frz. *papier collé*), ein Stück Realität, wie ein Zeitungsausschnitt, der in das Bild miteinbezogen wurde. Heute ist die Collage nicht nur eine Technik, sondern eine Verhaltens- und Verfahrensweise, durch Kombinationen neue, unverbrauchte Bedeutungen zu erzielen. Dabei werden verschiedene Materialien nach einer übergeordneten Idee in einer Komposition vereint. Die benötigte Denkweise hat Affinität zur primären Kreativität.

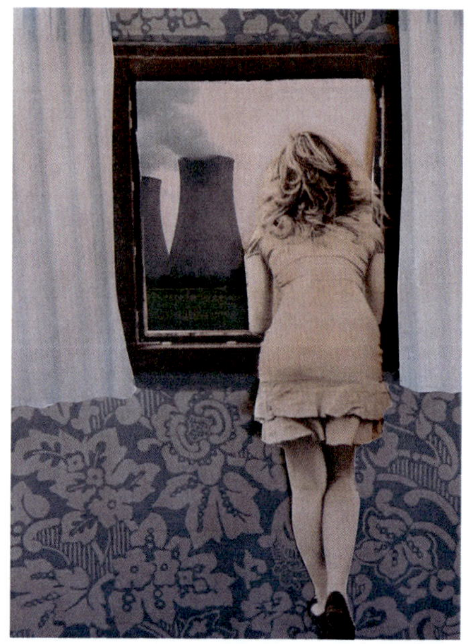

8. Jgst.

Das bereits unter 3.2 vorgestellte Thema „Mädchen am Fenster" als Collage: Durch die Kühltürme eines Kernkraftwerkes im Hintergrund erhält das Bild hier eine völlig neue Bedeutung.

[39] Ernst in Eid/Rupprecht 1982, S. 11

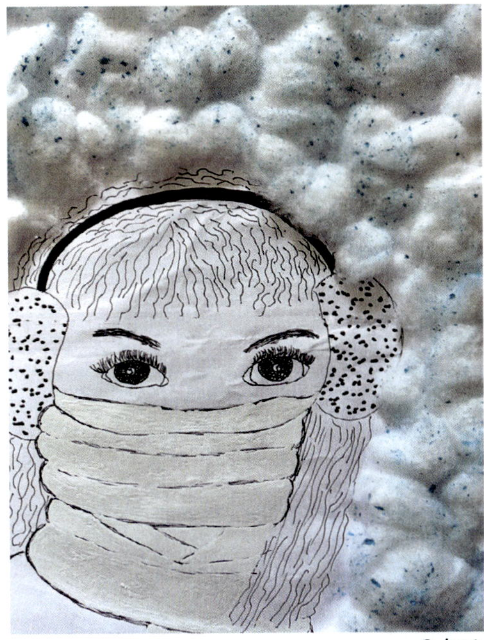

8. Jgst.

Collagen können auch Materialbilder sein. Die aufgeklebte Watte symbolisiert Kälte und Wärme zugleich.

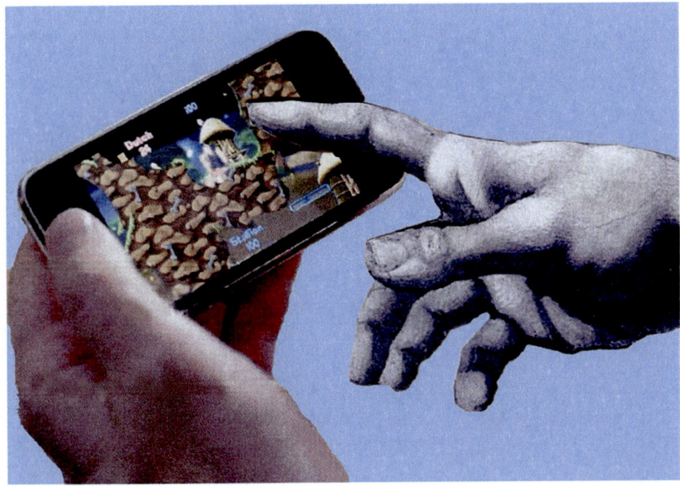

8. Jgst.

Michelangelos Hand Gottes haucht hier nicht Adam Leben ein, sondern versucht sich beim Spiel mit einem Smartphone. Hier zeigt sich die ganze Stärke der Collage. Wesensfremde Realitäten aus verschiedenen Zeiten treffen aufeinander.

3.4 Plastik

Im Unterschied zur Skulptur (lat. *sculpere* = schneiden, schnitzen, meißeln), bei der durch ein subtraktives Verfahren Material weggenommen wird (z. B. durch Herausschlagen einer Figur aus einem Stein), wird eine Plastik (gr. *plassein* = bilden, formen) additiv aus bildbarem Material aufgebaut (z. B. beim Modellieren einer Figur aus Ton, Gips oder Wachs). Plastiken entstehen auch durch Gussverfahren wie z. B. Bronzeguss oder Betonguss.
Von einem Objekt wird gesprochen, wenn ein vorgefundenes Objekt (frz. *objet trouvé*) zum Kunstwerk ernannt oder mit weiteren (z. T. bearbeiteten oder verfremdeten) Gegenständen kombiniert wird.
Bei einem Environment steht die raumbildende Organisation mehrerer Objekte im Vordergrund. Das kinetische Objekt ist beweglich.
Viele Lehrer meiden plastisches Gestalten in der Schule, weil ihnen das nötige Wissen oder die benötigte Werkstatt und Ausstattung (z. B. ein Brennofen für Tonplastiken) fehlt.
Doch gerade die haptischen Erfahrungen durch „Be-greifen" von Material und Umgang damit sind für den Entwicklungsprozess der Schüler von enormer Bedeutung.
Im Folgenden soll gezeigt werden, wie auch mit Minimalaufwand Plastik für die Schüler zu einem Erlebnis werden kann.

3.4.1 Plastische Prinzipien und formale Aspekte

Materialgerechtheit: Dem Materialreiz entsprechend darf ein Material nicht „vergewaltigt" werden, sondern sollte themenbezogen verarbeitet werden. Ton eignet sich beispielsweise für die Darstellung lebendiger, bewegter Formen, Draht hingegen hat einen technisch-konstruktiven Charakter.
Materialkontrast/Materialkorrespondenz: Dieses plastische Mittel findet häufig bei Objekten Anwendung. Glas korrespondiert beispielsweise mit Metall.
Formaler Aufbau: Das Werk kann als Relief (die Darstellung hebt sich plastisch vom Hintergrund ab) angelegt sein, eine Schauseite haben (einsichtig) oder allansichtig sein. Um eine allansichtige Vollplastik kann man herumgehen. Michelangelo legte großen Wert darauf, dass seine Figuren aus jedem Blickwinkel anmutig wirken. Besonders deutlich wird das Prinzip bei einer „Figura Serpentinata", einer geschraubten Figur, wie z. B. der Laokoongruppe.
Non-finito: Michelangelo und später Rodin arbeiteten mit diesem Prinzip, bei dem die Figur nicht ganz ausgearbeitet wird. So wird die Wahrnehmung gereizt, das Fragment wird im Geiste des Betrachters ergänzt.
Virtuelles Volumen: Eine scheinbare, nicht greifbare Form („Luftloch") ist Teil des Kunstwerkes. Marini, Moore oder Hepworth erreichten mit diesem Prinzip, dass die dreidimensionale Wirkung ihrer Werke (bei gleichzeitiger Einsparung von Masse) zusätzlich gesteigert wird.
Oberflächenbeschaffenheit: Die Struktur bestimmt die unveränderliche Aufbauart eines Materials (auch im Inneren), die Textur markiert die Abschlussfläche nach außen und die Faktur zeigt (ebenso außen) sinnlich wahrnehmbare Spuren des Arbeitsprozesses.

3.4.2 Material für die Schule

Preisgünstige Materialien wie z. B. Seife, Plastilin, Früchte, Tafelkreide, Ton etc. und einfache Werkzeuge, wie ein Taschenmesser, lassen die Schüler zu begeisterten Bildhauern werden.

Seifenskulptur:

Aus handelsüblichen Seifen erschaffen die Schüler Werke, die durch die Formensprache der Natur beeinflusst sind. Mit fließenden, reduzierten Formen, die an Knochen oder Organe erinnern, wird das Biomorphe, Organische betont.

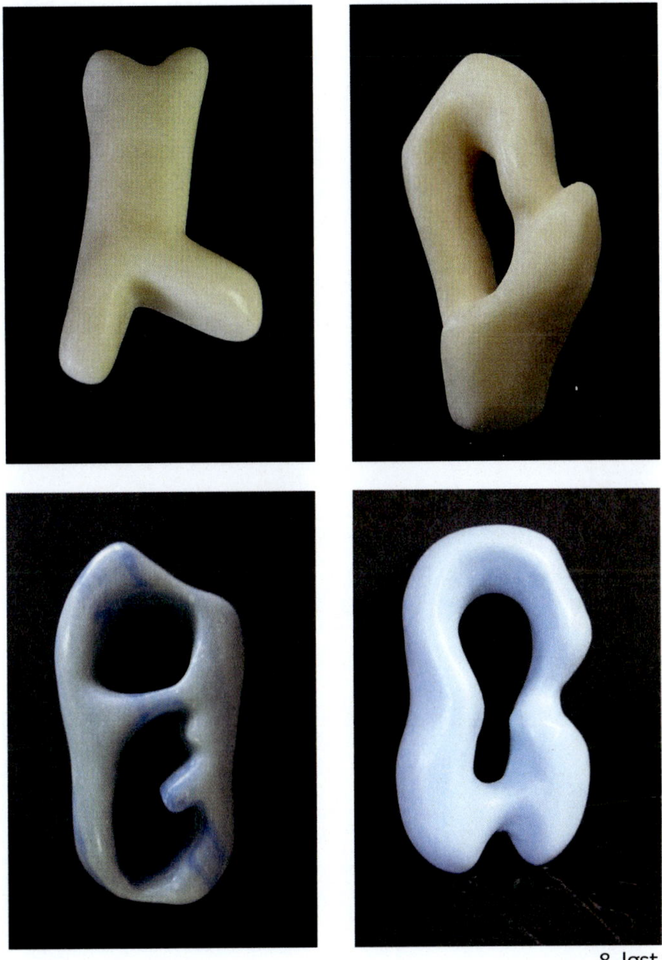

8. Jgst.

Die weichen, organischen Formen erhalten die Skulpturen bei einer abschließenden Behandlung mit warmem Wasser. Das Einbeziehen eines virtuellen Volumens ist für Schüler eine besondere Herausforderung, da die Seife leicht brechen kann.

Schädelskulptur:

Die bildnerische Auseinandersetzung mit dem Schädel gehört zum Grundstudium des Künstlers.

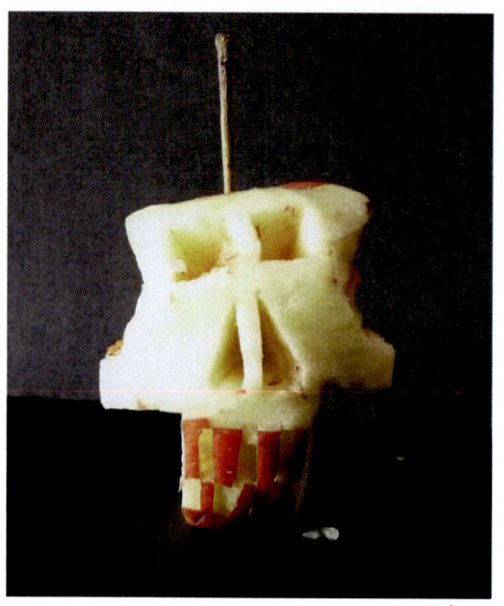

8. Jgst.

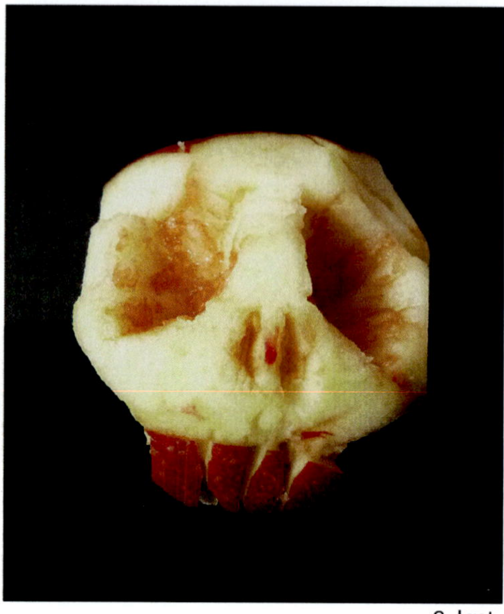

8. Jgst.

Früchte, wie hier Äpfel, lassen sich mit einfachsten Werkzeugen gut bearbeiten.

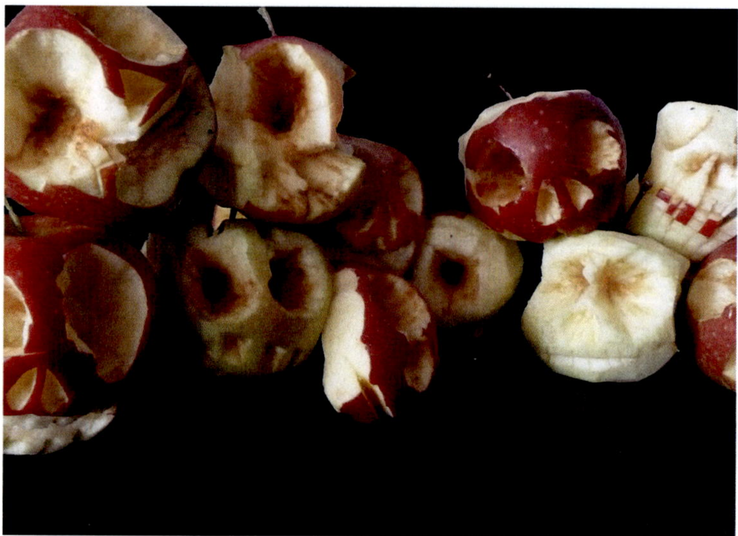

8. Jgst.

Die Skulptur als Vanitas-Symbol: Fotografisch wird dokumentiert, wie vergänglich Leben ist.

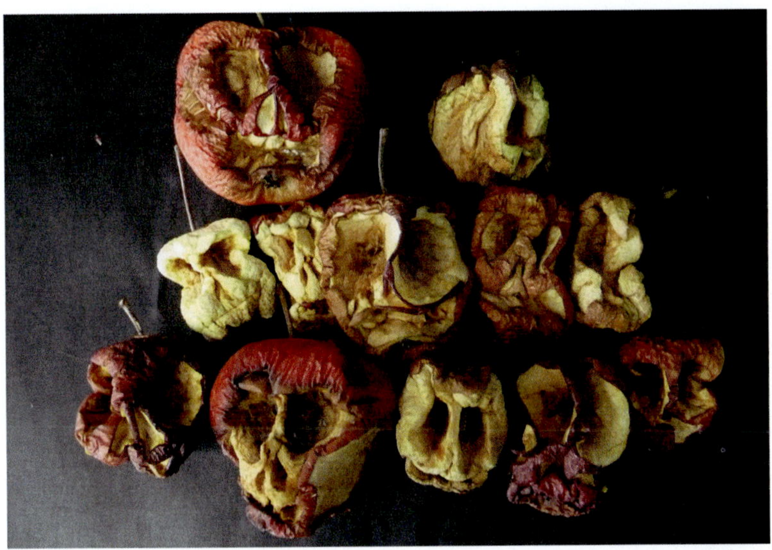

8. Jgst.

Die Formensprache der Äpfel ist unmissverständlich : „Memento mori!" (lat., Bedenke, dass du sterblich bist!)

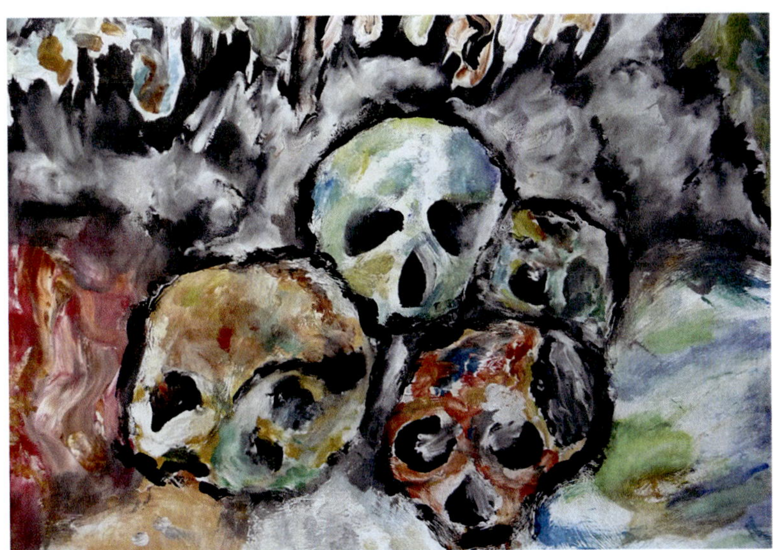

8. Jgst.

Das Schülergemälde demonstriert, wie die Lernbereiche im Fach Kunst vernetzt werden können. Die Apfel-Skulpturen sind Ausgangspunkt und Bildanlass für ein Gemälde mit Vanitas-Symbolen.

Der Zwiespalt zwischen menschlicher Demut als Forderung des Mittelalters und menschlichem Selbstbewusstsein als Errungenschaft der Moderne wird hier bildnerisch neu interpretiert.

3.5 Spiel

Der Mensch ist ein „homo ludens" (lat. spielender Mensch), der durch einen angeborenen Spieltrieb individuelle Eigenschaften entdeckt, welche den Menschen dazu machen, was er ist. Der homo ludens steht in der Begrifflichkeit von Huizinga[40], der aufzeigt, wie sich unsere kulturellen Systeme wie Politik, Wissenschaft, Religion, Recht usw. ursprünglich aus spielerischen Verhaltensweisen entwickelt haben.
Spiel kann Unterrichtsinhalt und -form sein, aber auch Methode zum Lernen.
Der Meeresforscher Cousteau hat es treffend formuliert: „Spiel ist eine Tätigkeit, die man gar nicht ernst genug nehmen kann."
Listen mit Zielformulierungen, die im Zusammenhang mit Spielen genannt werden, sind lang.

Einige wichtige sind:

- soziale Kompetenz mit der Fähigkeit zur Kooperation, Konfliktfähigkeit, Kommunikationsfähigkeit
- Entwicklung der Ich-Kompetenz durch Steigerung des Selbstwertgefühls und der Selbstwirksamkeit
- Förderung der Beobachtungsgabe und Fantasie
- Köpergefühl und -beherrschung
- Disziplin
- planerisch-strategisches Denken

Zu den Grundformen des Spiels gehören:

- das Rollenspiel
- Pantomime (als darstellende Kunst ohne Sprache)
- Figurenspiele, wie Puppenspiele (z. B. mit Marionetten, Handpuppen, Stockpuppen oder Schattenfiguren)
- Aktionsspiele, die dem Bewegungsdrang der Schüler nachgeben
- Spielobjekte, wie kinetische Objekte (z. B. Mobile)
- Darstellendes Spiel als Form des Theaters, bei dem der Schüler selbst (und nicht eine Puppe) handelnde Figur ist
- Aktionskunst/Performance als situationsbezogene, handlungsbetonte und vergängliche künstlerische Darbietung

Gerade dem Trend folgende Formen, wie die Performance, interessieren Jugendliche und öffnen den Blick für zeitgenössische Kunstströmungen.

Beispiel:
Anleitung für eine Performance mit Flashmob-Charakter in der Pause:
Ihre (zuvor von Ihnen eingewiesen) Schüler gehen wie üblich beim Gongschlag in die Pause und mischen sich unter die Schüler aller Klassen. Auf ein Signal hin (z. B. ein Pfiff des

[40] vgl. Huizinga 1994

Kunstlehrers oder Klassensprechers) verharren die eingewiesenen Schüler eingefroren in einer Position. Sie erstarren zur Salzsäule und verharren für 60 Sekunden in dieser Position. Nach dieser Minute ertönt wieder ein Signal und die Schüler werden wieder lebendig. Im Interesse stehen die Reaktionen der anderen Schüler. Wie lange dauert es, bis die Masse die Performer bemerkt? Wie reagieren die Schüler? Lassen sie sich anstecken? Machen sie mit? Kommt es zu einer Interaktion oder sogar Dramaturgie? Werden die „Künstler" angepöbelt? Wie reagieren Menschen auf ungewöhnliches, irritierendes Verhalten anderer?

3.6 Visuelle Medien

Die visuellen Medien beeinflussen unser Wahrnehmen und Denken stark. Mittlerweile kann jede Art von Bildcharakteristik durch Computergrafik hergestellt werden. Aufgabe des Kunstunterrichts ist es einerseits, den Schülern die bildnerischen Techniken, die durch neue Medien wie Digitalfotografie oder Bildbearbeitungssoftware möglich wurden, nahezubringen, andererseits muss auch eine kritische Haltung gegenüber der durch Medien vermittelten Wirklichkeit entwickelt werden.

Unterrichtsbeispiel: Manipulation von Fotos („Tears")

Neue Medien erlauben einen neuen Zugang zum Porträt. Fotos reizen zur Bearbeitung und Manipulation. In der Kunst geht es hier nicht zwangsläufig darum, die Bilder lügen zu lassen, um unterschwellige Botschaften zu vermitteln oder fremde Sachverhalte vorzutäuschen. Das Motiv kann auch um der Schönheit willen, also ästhetisch motiviert, veredelt werden. Seine Schüler gleich zu Jahresbeginn zu fotografieren, lohnt sich, da die Fotos im Kunstunterricht sehr verschieden, variantenreich und mehrfach eingesetzt werden können. Sie können Vorlage für Selbstporträts aller Art sein und auch als Ausgangspunkt für Bildmanipulationen dienen.

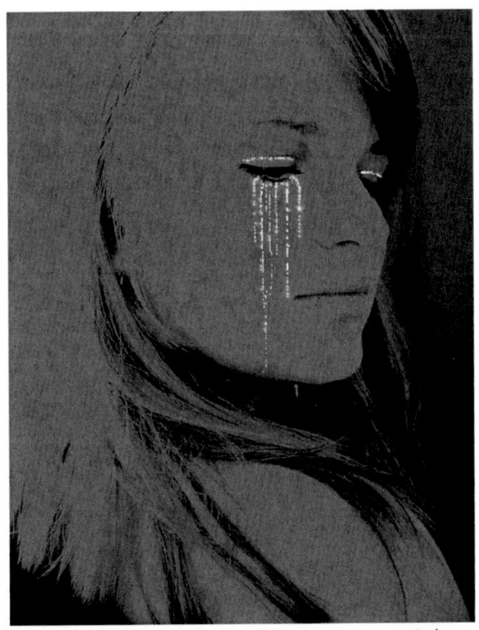
9. Jgst.

In dieser Schülerarbeit wurden die Porträtaufnahmen derart sensibel manipuliert, dass ihr poetischer Charakter gesteigert wird. Durch das Hinzufügen feiner Linien und Lichtpunkte als Tränen entsteht eine eigentümliche, magische Aura.

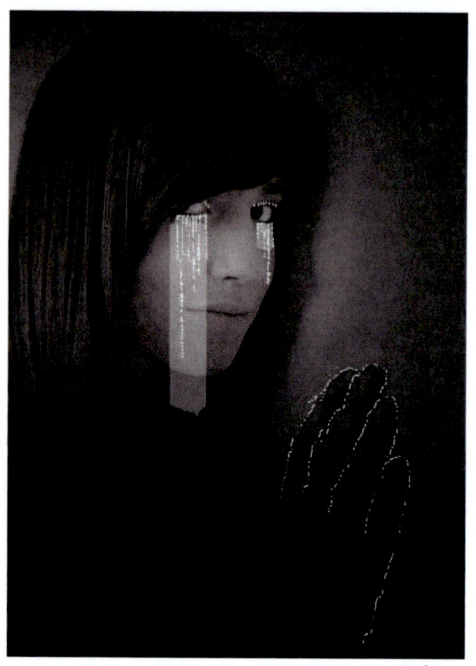

9. Jgst.

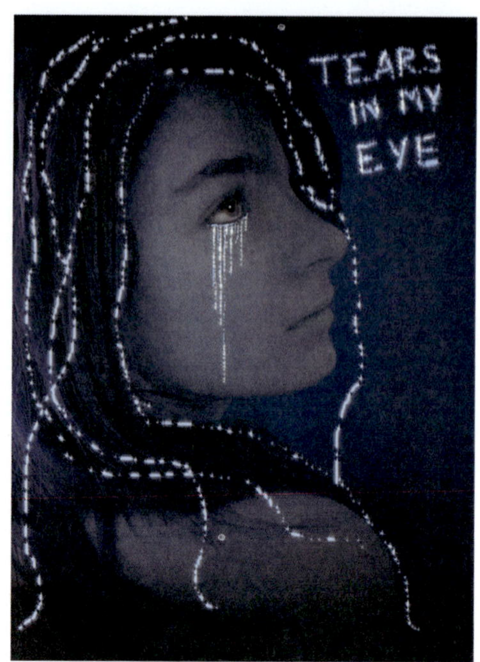

9. Jgst.

Die Bildelemente können digital mit Bildbearbeitungssoftware oder konventionell mit Deckweiß, Acrylfarbe oder Tipp-Ex ergänzt werden. Man kann auch Löcher in die dunklen Fotos stechen und diese dann auf einen weißen Hintergrund kleben.

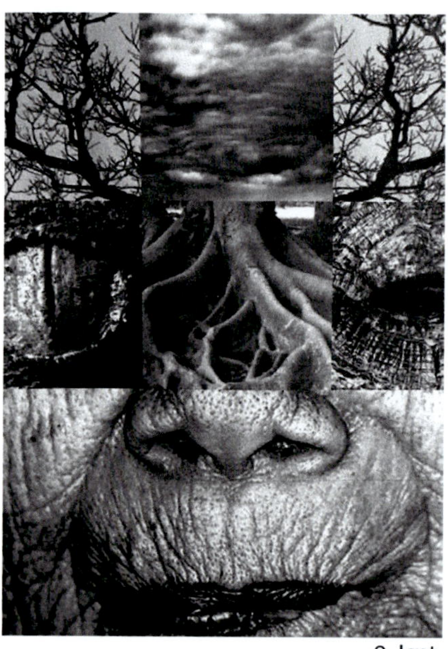

9. Jgst.

Die Fotocollage „Dinge mit Gesicht" verdeutlicht, wie sich heute die Lernbereiche durch den Einsatz visueller Medien im Kunstunterricht vermischen. Hier wurde fotografiert und mit einer Bildbearbeitungssoftware montiert bzw. collagiert.

Prüfungsfragen zu Kapitel 3

- Welche Lernbereiche umfasst das Fach Kunst?
- Welche grafischen Mittel können Inhalte des Kunstunterrichts sein?
- Druckgrafik fördert handwerkliche Fähigkeiten und kreative Verhaltensweisen. Erläutern Sie!
- Nennen Sie Farbkontraste als bildnerische Mittel der Malerei!
- Wie viel Farbtheoriewissen muss ein Schüler erlernen?
- Plastisches Gestalten fördert das räumliche Denken. Erläutern Sie!
- Die Collage fördert kreative Verhaltensweisen. Erläutern Sie!
- Ist Spiel zweckfrei?
- Welchen Beitrag kann der Kunstunterricht zum kritischen Umgang mit visuellen Medien leisten?

Zusammenfassung Kapitel 3

Lernbereiche

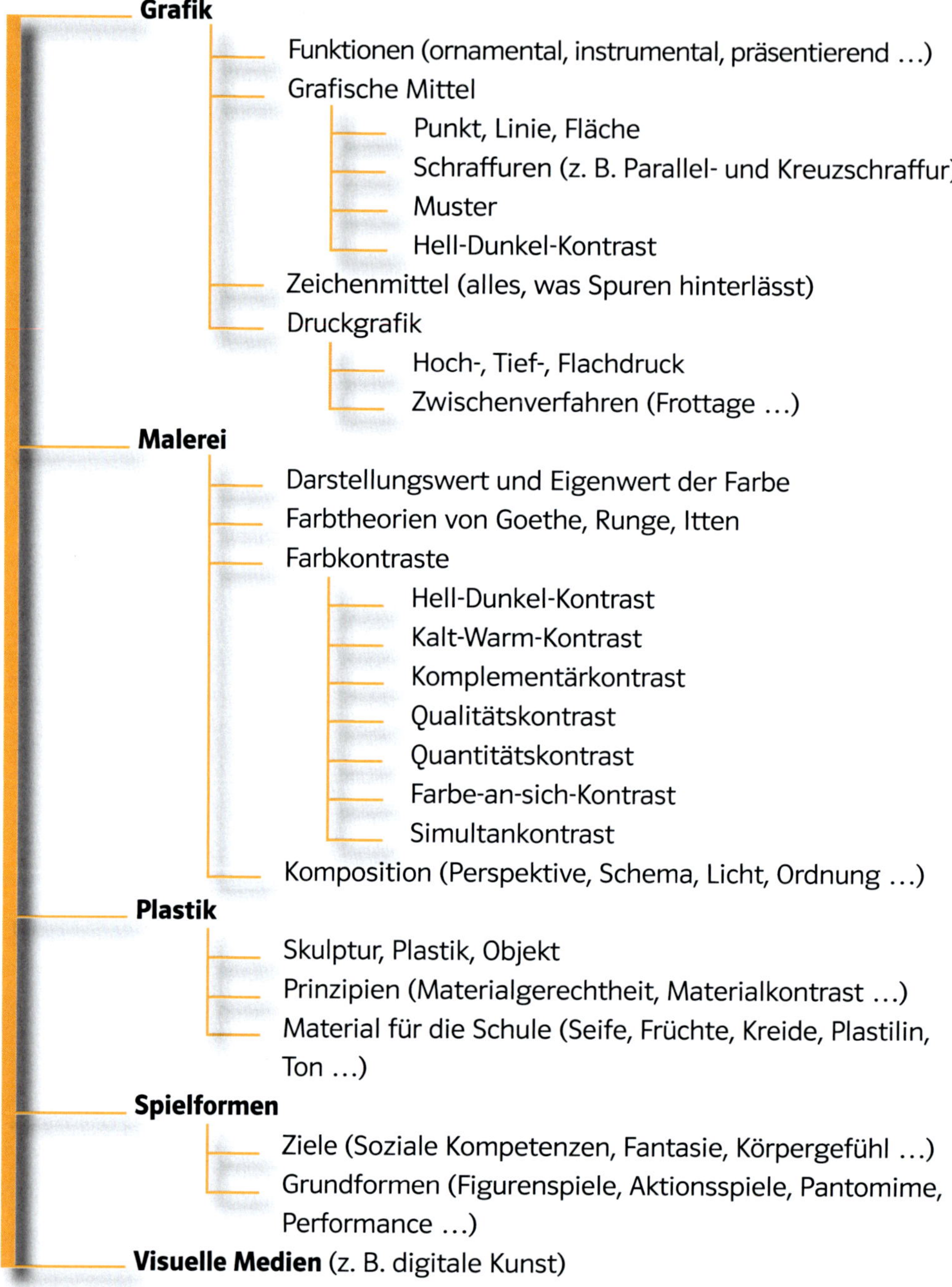

- **Grafik**
  - Funktionen (ornamental, instrumental, präsentierend …)
  - Grafische Mittel
    - Punkt, Linie, Fläche
    - Schraffuren (z. B. Parallel- und Kreuzschraffur)
    - Muster
    - Hell-Dunkel-Kontrast
  - Zeichenmittel (alles, was Spuren hinterlässt)
  - Druckgrafik
    - Hoch-, Tief-, Flachdruck
    - Zwischenverfahren (Frottage …)
- **Malerei**
  - Darstellungswert und Eigenwert der Farbe
  - Farbtheorien von Goethe, Runge, Itten
  - Farbkontraste
    - Hell-Dunkel-Kontrast
    - Kalt-Warm-Kontrast
    - Komplementärkontrast
    - Qualitätskontrast
    - Quantitätskontrast
    - Farbe-an-sich-Kontrast
    - Simultankontrast
  - Komposition (Perspektive, Schema, Licht, Ordnung …)
- **Plastik**
  - Skulptur, Plastik, Objekt
  - Prinzipien (Materialgerechtheit, Materialkontrast …)
  - Material für die Schule (Seife, Früchte, Kreide, Plastilin, Ton …)
- **Spielformen**
  - Ziele (Soziale Kompetenzen, Fantasie, Körpergefühl …)
  - Grundformen (Figurenspiele, Aktionsspiele, Pantomime, Performance …)
- **Visuelle Medien** (z. B. digitale Kunst)

4. Unterrichtsplanung

„Unterricht ist ein Interaktionsgeschehen, bei dem Kinder und Jugendliche (Schülerinnen, Schüler) unter Anleitung professioneller Erwachsener (Lehrerinnen, Lehrer) in einem planmäßig initiierten und unterstützten Lernprozess in eigens dazu errichteten Institutionen (Schulen) zum Zwecke ihrer Sozialisation, Qualifikation und Personalisation ausgewählte Inhalte der Kultur aufnehmen und weiterentwickeln."[41]
Wiater betont bei seiner Definition von Unterricht die Notwendigkeit einer sorgfältigen Planung von Unterricht und fordert den professionalisierten Lehrer. Unter dem Begriff Unterrichtsplanung versteht Heinig die „unter Gesichtspunkten der Bildsamkeit pädagogisch begründete Auswahl, Anordnung und Organisation von Inhalten für konkreten Unterricht mit bestimmten Lernzielen."[42]

4.1 Sachanalyse, didaktische und methodische Analyse

Sachanalyse:

Die Sachanalyse als Frage nach der Sachstruktur ist, so Klafki[43], der Kern der Unterrichtsplanung. Die Sachanalyse stellt die Inhalte dar, ordnet das Thema fachwissenschaftlich ein und beschäftigt sich mit wissenschaftlichen Problemen.

Didaktische Analyse:

Die didaktische Analyse ordnet das Thema in den Lehrplan ein, orientiert sich an Grundsätzen des Unterrichts (siehe Kap. 5), reduziert den Lerngegenstand formal und inhaltlich (didaktische Reduktion) und definiert die Lernziele.

Methodische Analyse:

Die methodische Analyse klärt die Frage nach den Unterrichtsformen, den Methoden, den Arbeits- und Sozialformen, den eingesetzten Medien und den Unterrichtsphasen. Außerdem werden mögliche Schwierigkeiten bei der Lernstoffvermittlung, Alternativen für die Vermittlung und Differenzierungsmöglichkeiten diskutiert.

Die didaktische und methodische Analyse berücksichtigen auch stets die anthropogenen Voraussetzungen der Schüler. Der Kunstlehrer stellt sich Fragen, wie:

- Wie ist der bildnerische Entwicklungsstand meiner Schüler?
- Wie ist die Motivationslage?
- Welche Vorerfahrungen gibt es?
- Ist das Thema altersangemessen?
- Ist das Thema besser offen oder geschlossen angelegt? (siehe Kap. 4.5)

[41] Wiater 1993, S. 85
[42] Heinig 1982, S. 107
[43] vgl. Klafki 1958

4.2 Artikulationsmodell/Aufbau einer Unterrichtsstunde

Die Verlaufsplanung einer Kunststunde unterscheidet sich grundsätzlich wenig von der Planung anderer Stunden. Es gibt einen motivierenden Einstieg, eine Erkundungsphase (mit Reflexion), eine Arbeitsphase mit anschließender Reflexion und evtl. eine Vertiefung oder eine Transferleistung. Phasen der Sicherung können je nach Anforderung eingeschoben werden.
Dennoch hat sich im Kunstunterricht zur Verlaufsplanung das Artikulationsmodell des Kunstdidaktikers Gunter Otto[44] (Mitbegründer des Berliner Modells neben Paul Heimann und Wolfgang Schulz) durchgesetzt.

Die Phasen:

1. Initiation
Ästhetische Prozesse werden initiiert durch: ein Bild, einen Film, ein Gespräch, ein Gedicht, eine gespielte Szene, eine Hörgeschichte, eine mediale Präsentation, ein Objekt, eine Provokation, ein Lied, ein Experiment, einen Unterrichtgang mit originaler Begegnung etc.

2. Exploration
Ein bildnerisches Problem wird durch Experimente erkundet. Es geht um Fragen der Komposition, der Verwendung und Wirkung von Farbe, der Gestaltungstechnik, der Gestaltungs- und Werkmittel etc. Am Ende des Exploration werden meist die Gestaltungskriterien (die für die Bewertung herangezogen werden) festgelegt.

3. Objektivierung
In der Phase der Objektivierung wird das Werk produziert. Der Lehrer betreut die Schüler individuell und lässt Freiraum zum kreativen Handeln.

4. Integration
In dieser Phase wird über das Geleistete reflektiert. Die Phase kann aber auch zur Geschmacksbildung oder Sensibilisierung für die Phänomene der Kunst beitragen. Die Ergebnisse werden betrachtet, verglichen und evtl. bewertet. In einer Vertiefung können neue Aspekte (z. B. durch einen Vergleich mit ähnlichen Werken großer Künstler) besprochen werden. Bei einer möglichen Transferphase werden gewonnene Erkenntnisse übertragen.

Das Phasenmodell von Otto darf nicht streng linear gesehen werden. So kann beispielsweise durchaus auch während einer praktischen Phase ein Erkenntnisprozess stattfinden. Die Parallelen zwischen Ottos Phasenschema und den Phasen des Kreativitätsprozesses (Preparation, Inkubation, Illumination, Verifikation, vgl. Kap. 1.2.2) sind kein Zufall, da es im Kunstunterricht vor allem darum geht, Faktoren der Kreativität zu optimieren.

---

[44] vgl. Otto 1969

4.3 Lernzielformulierung

Lernziele beschreiben den angestrebten Lerngewinn bezogen auf einen bestimmten Inhalt und unterliegen einer

- Lernzieltaxonomie, d. h. Lernziele sind auf verschiedenen Niveaus und Stufen (nach Schwierigkeitsgraden gestuft) angelegt. Die Anforderungen sind: Wissen, Verstehen, Anwenden, Analyse, Synthese, Bewertung.[45]
- Lernzieloperationalisierung, d. h. Lernziele müssen aufgeschlüsselt exakt beschrieben werden, damit das zu Lernende beobachtbar und das Gelernte überprüfbar ist.
- Lernzieldimensionierung

Lernziele zu dimensionieren bedeutet, sie hinsichtlich der angezielten Verhaltensbereiche einzuteilen. In der Didaktik durchgesetzt hat sich die Einteilung von Bloom/Kratwohl[46]:

- kognitive Lernziele: Kenntnisse (Wissen), Fähigkeiten und intellektuelle Fertigkeiten stehen im Vordergrund.
- affektive Lernziele: Sie beziehen sich auf Änderungen der Interessen, Einstellungen und Werthaltungen. Gefühle werden angesprochen.
- psychomotorische (sensumotorische) Lernziele: Sie beziehen sich auf manuelle, gestalterisch-praktische Fähigkeiten und andere körperliche Tätigkeiten.

Beispiele:

Eine unpräzise, nicht operationalisierte Lernzielformulierung wäre: Die Schüler sollen den Planeten Pandora ansprechend gestalten.
Kriteriengeleitet und überprüfbar muss es heißen: Die Schüler sollen bei der Gestaltung der Oberfläche des Planeten Pandora reizvolle Sgraffitospuren und stumpfe Farbtöne verwenden.

Statt: Die Schüler sollen lernen, eine kreative Collage herzustellen, sollte man das Lernziel so umformulieren: Die Schüler sollen ihre Fähigkeit zur Umgestaltung nachweisen, indem sie drei Möglichkeiten der Veränderung des vorgegebenen Bildmaterials durch Phasenmontage zeigen und deren Bildwirkung beschreiben.

4.5 Sequentierung

Die Sequentierung meint die Aufteilung eines Lerninhalts bzw. Lernkomplexes auf sich ergänzende, aufeinander aufbauende Unterrichtseinheiten bzw. Lernabschnitte.
Die Sequenz muss lehrplankonform angelegt sein, hinsichtlich der Planung hat der Kunstlehrer, je nach strukturellen Rahmenbedingungen, Entscheidungsspielräume.

---

[45] vgl. Bloom 1972
[46] vgl. Bloom/Kratwohl 1973

Beispiel für eine (einfache) als Lehrgang angelegte Sequenz zum Thema „Farbkontraste“ in der 6. Klasse:

1. Unterrichtseinheit: Grobziel: Mischen von Farben (Aufhellen und Abdunkeln)
2. Unterrichtseinheit: Grobziel: Kennenlernen und Verwenden des Hell-Dunkel-Kontrastes
3. Unterrichtseinheit: Grobziel: Kennenlernen und Verwenden des Kalt-Warm-Kontrastes
4. Unterrichtseinheit: Grobziel: Kennenlernen und Verwenden des Qualitätskontrastes

Beispiel einer komplex angelegten Sequenz zum Thema: Die Stadt in der Kunst von 1600-2100 n. Chr.

Zeit	Werkbetrachtung	Fachliches Ziel	Komposition	Produktion
1 Barock	Jan Vermeer: Blick auf Delft (1660/61)	Stadt am Wasser: Spiegelung als optisches und ästhetisches Phänomen	Totale	Nachgestaltung: Skizzieren des Bildaufbaus mit grafischen Mitteln
2 Romantik	William Turner: Venedig (1843)	„Sfumato“ als Fachbegriff	Totale	Stadt im Nebel
3 Beginn der Moderne	Vincent van Gogh: Caféterrasse bei Nacht (1888)	Hell-Dunkel-Kontrast	Ausschnitt	Umgestaltung: Ich im Café
4 Moderne	Robert Delaunay: Fenster zur Stadt (1912)	Spiel mit Farbe und Farbklängen (Orphismus)	Teilabstraktion	Rummel in der Stadt (Draufsicht)
5 Moderne	Piet Mondrian: Broadway Boogie Woogie (1942/43)	Moderne Stadtarchitektur: Geometrischer Aufbau von modernen Städten -> Vergleich mit Stadtplänen	Abstraktion Draufsicht	Gips-Sekko: Gießen der Platten, Gestalten der Stadt
6 Zukunft	Paul Klee: „blossoming“ 1934	Qualitätskontrast	Abstraktion	Gestalten des Planeten im Kontrast zur Stadt

Bei dieser Sequenzplanung wurde sogar die Chronologie der Kunstgeschichte berücksichtigt. Die Sequenz beginnt mit einer Werkbetrachtungen eines Barockgemäldes und endet mit der Analyse von gegenstandloser Kunst der Moderne und wagt sogar einen Blick in die Zukunft. Zudem ist der Weg in die Moderne anhand der Entwicklung der Komposition nachgezeichnet.

4.4 Tafelbild

Auch wenn die Gestaltung eines Tafelbildes heute gelegentlich als „Methode aus der Kreidezeit" diffamiert wird, so hat es dennoch seine Berechtigung, denn

das Tafelbild:

- zeigt den Stundenverlauf und macht ihn nachvollziehbar (das „genetische" Tafelbild entwickelt sich, das „statische" ist bereits vor der Stunde präsent)
- strukturiert den Lerninhalt
- sichert Wissen und Erkenntnisse sprachlich kompakt und bildhaft
- kann demonstrieren, dokumentieren, präsentieren, organisieren, interpretieren, aktivieren, akzentuieren, korrigieren, konstruieren …
- ist für einen ökonomischen und spontanen Einsatz wie geschaffen

Das Tafelbild im Kunstunterricht erfüllt neben der sprachlichen Fixierung des Themas und des fachlichen Ziels eine weitere wichtige Funktion: Es hält dem Schüler die Kriterien vor Augen, unter denen gestaltet wird und nach denen die Ergebnisse bewertet werden.
Die Qualität eines Tafelbildes im Fach Kunst wird selbstverständlich auch an ästhetischen Maßstäben gemessen.

Beispiel (siehe S. 70): Wie leben wir morgen? Technik: Gips-Sekko
(Darstellung einer modernen Stadt in der Zukunft auf einem unwirtlichen Planeten; Bildträger ist eine gegossene, getrocknete Gipsplatte)

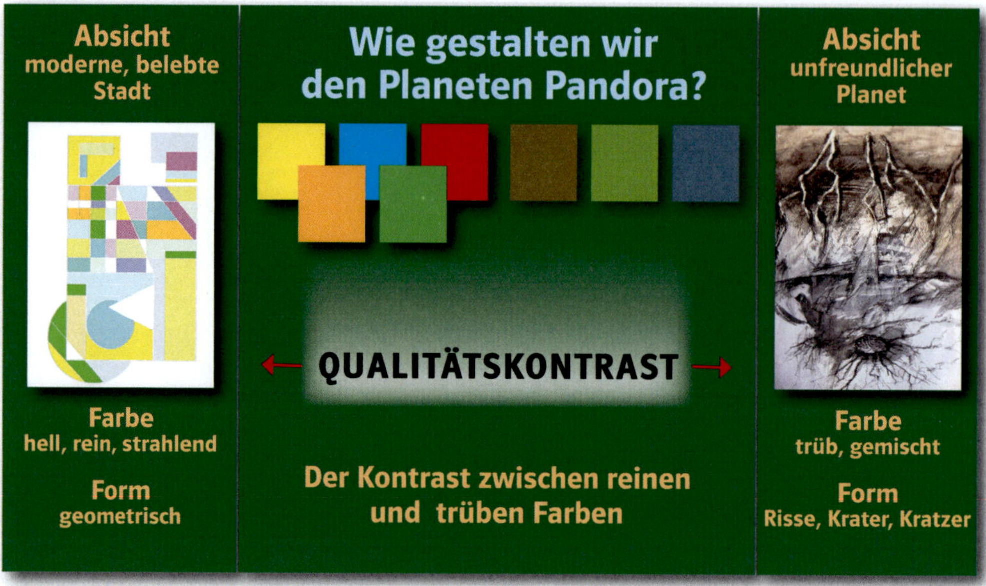

Im Zentrum dieses Tafelbildes steht das fachliche Ziel der Stunde, der Qualitätskontrast. Dieser wird sowohl verbal („der Kontrast zwischen reinen und trüben Farben"), als auch ikonisch erklärt. Sowohl die abstrakten Farbkarten, aber auch die Bildbeispiele an den Tafelflügeln verdeutlichen den Kontrast. Die Kriterien für das Werk sind an der Tafel fixiert: Das Zentrum des Sekkos, die Stadt, soll mit geometrischen Elementen in reinen, leuchtenden Farben, der Planet um die Stadt herum in trüben, gemischten Farben gestaltet werden. Außerdem sollen Kratzspuren, Risse und Krater im Gips die Unwirtlichkeit des Planeten spürbar machen.

4.5 „Richtige" Aufgabenstellung und geeignetes Thema

„Die Aufgabe ist die Gabe des Lehrers, die den Schüler begabt", so Geißler.[47]

Als allgemeine Aspekte einer „guter Aufgabe" gelten:[48]

- sprachlich klare, eindeutige Aufgaben, die bei allen Schülern ankommen (am besten schriftlich fixiert)
- Schülerorientierung: Anknüpfen am Stand des Könnens, optimale Passung im Hinblick auf den Schwierigkeitsgrad, realistische Chance für ein Erfolgserlebnis zur positiven Verstärkung der Motivation, Freude am Prozess und am Ergebnis
- sinnvolle Platzierung der Aufgabe und Abwechslung in der Aufgabenstellung
- passender Beitrag zum kumulativen Aufbau des Könnens, d. h. die Aufgabe aktiviert das Vorwissen, legt die Basis für Späteres und vernetzt so Wissen

[47] Geißler 1967
[48] vgl. Wagner 2010

Häufig werden die Begriffe Aufgabe, Thema oder Motiv synonym gebraucht, um Schüler zur Auseinandersetzung mit einem bildnerischen Problem zu bewegen.
Reinhard Pfennig war der erste Kunstdidaktiker, der sich in der begrifflichen Abgrenzung von Aufgabe, Thema oder Motiv versuchte, indem er die Frage stellt: Wie verhalten sich Thema, Motiv und bildnerisches Problem zur Aufgabe? Er gibt folgende Antwort: „Wir haben bisher immer angenommen, dass zu jeder Aufgabe eine ‚Motivation' oder ein ‚Thema' (wie es allgemein in der Kunsterziehung genannt wird) gehören müssten. Motivation besagt, dass es sich nicht um das Motiv selbst, sondern um die Motivation einer bildnerischen Aufgabe handelt. Beide Begriffe gehen zurück auf eine Zeit, in der es so etwas wie das malende Zeichnen in der Kunsterziehung gegeben hat."[49]
Er fährt fort: „Das malende Zeichnen von Gesichtssinneserlebnissen brauchte Motive und Themen. Aber das Thema ohne ein bildnerisches Problem hat keine kunstpädagogische Bedeutung." Und etwas später: „Wir können nicht nur, sondern wir müssen dem Schüler bildnerische Probleme zur Lösung aufgeben."[50]
In dieselbe Kerbe schlägt Gunter Otto: „Zur terminologischen Klärung schlagen wir zunächst eine Übereinkunft vor, nämlich jene inhaltlich-gegenständlichen Aspekte [...] Motiv zu nennen und, dem schon üblichen Sprachgebrauch folgend, die spezifischen, durch das Medium bedingten, bei der Realisation der Motive auftauchenden Probleme als bildnerische Probleme zu bezeichnen. Von Aufgaben können wir immer dann reden, wenn zur Lösung jener Problemanteile motiviert wird."[51]
Otto fügt hinzu: „Die fachspezifischen Unterrichtsgegenstände des Kunstunterrichts sind nicht allein aus Motiven definierbar. Vielmehr entspricht dem allgemeindidaktischen Terminus Unterrichtsgegenstand in unserem Fache die Summe aller Überlegungen die auf Motiv und bildnerisches Problem zielen."[52]
Zusammenfassend und vereinfachend kann gesagt werden: Während sich der Begriff „Motiv" alleine auf das bildhaft Dargestellte (z. B. ein Baum) bezieht, meint das Wort „Thema" einen Bildanlass, der Gedanken und Assoziationen hervorruft (z. B. Dürstende Menschen suchen Schutz vor der Sonne unter einem schattenspendenden Mammutbaum). Die „Aufgabe" verlangt nach einem bildnerischen Problem bzw. seiner Lösung (z. B. Wie gestalte ich die Figuren unter den Baum im Gegenlicht?).

Aufgaben und Themen im Kunstunterricht sollten folgenden Kriterien erfüllen:

- Altersangemessenheit: Aufgaben und Themen sollten auf Alter und Entwicklungsstand zurechtgeschnitten sein, damit sie motivierend sind.
- Divergenz: Jedem Schüler sollte die Möglichkeit gegeben werden, sich bildnerisch individuell zu äußern. Kein Schülerbild sollte dem anderen gleichen. Aufgabe und Thema sollten dazu offen genug gestellt sein.
- Evokation: Das Thema sollte evokativ sein, d. h. Gedanken und Assoziationen sollten hervorgerufen werden.

---

[49] Geißler 1967, S. 162
[50] ebd.
[51] Otto 1969, S. 192
[52] ebd., S. 195

- Fachliches Ziel: Der Schüler sollte etwas kunstdidaktisch Relevantes lernen (z. B. einen Kontrast, Zeichnen einer Perspektive …).
- Geschlechtsspezifität: Es ist umstritten, ob Mädchen andere Aufgaben und Themen benötigen als Jungen.

4.6 Fächerübergreifender Unterricht

Die Lehr-Lernforschung hat gezeigt, dass Wissen in der Schule in möglichst vielen Kontexten erarbeitet und erprobt werden muss, wenn die Befähigung zur Lösung komplexer Probleme durch vernetztes Denken und durch die fachübergreifende Strukturierung des Wissens beim Schüler angestrebt wird. Fächerübergreifendes Arbeiten stützt den Aufbau strukturierten Wissens, sichert den Blick für Zusammenhänge und befähigt die Schüler zum Umgang mit den hierfür notwendigen Methoden.
Die Reinform des fächerübergreifenden Unterrichts wäre so gesehen das Projekt, doch es bieten sich gerade für Klassenlehrer, die mehrere Fächer in ihrer Klasse unterrichten, viele Chancen, Inhalte der Kunst mit denen anderer Fächer zu verknüpfen. Auch Kunstfachlehrer sollten sich mit Lehrern anderer Fächer absprechen und nach inhaltlichen Überschneidungen im Lehrplan suchen.

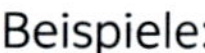
Beispiele:

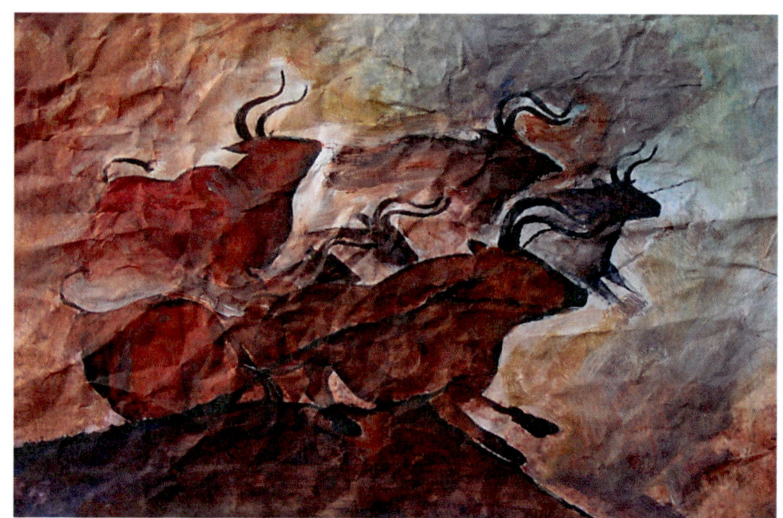

5. Jgst.

Die Begriffe „Steinzeit" und „Höhlenmalerei" (Geschichte, 5. Klasse) werden mit Inhalt gefüllt, wenn die Schüler in Kunst auf zerknittertem Packpapier mit selbst hergestellten Naturfarben eine Jagdszene nachstellen.
Wenn Papierherstellung, Schrift und Kunst der Ägypter im Fach Geschichte auf dem Stundenplan stehen, sollte der Kunstlehrer die Schüler den genuin ästhetischen Reiz von Papyrus spüren und ägyptische Kunst gestalten lassen.

Auch Verknüpfungen mit anderen Fächern sind denkbar:

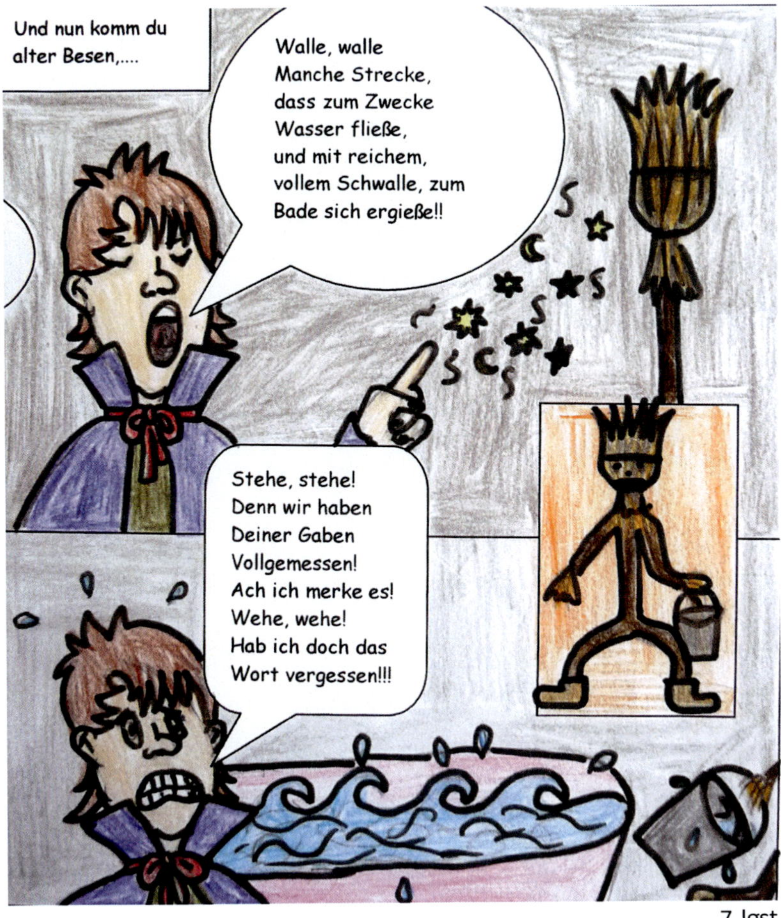

7. Jgst.

Hier wurde in den Fächern Deutsch und Kunst Goethes Ballade „Der Zauberlehrling" als Comic bildnerisch umgesetzt. Das Zeichnen dient hier zum einen dem Erschließen von Inhalt und Gehalt als Ziel des Faches Deutsch und zum anderen der Vermittlung von comicspezifischen Gestaltungsmitteln, wie einfache Bildsprache, Farbkonstanz, Sprechblasen, Lautmalerei und Ausschnitthaftigkeit.

Prüfungsfragen zu Kapitel 4

- Klären Sie die Bedeutung der Sachanalyse, der methodischen Analyse und der didaktischen Analyse im Fach Kunst.
- Unterricht zwischen Offenheit und Planung. Erläutern Sie!
- Wie gliedert sich eine Kunststunde? (Artikulationsschema)
- Welche Bedeutung hat die Initiationsphase?
- Wie können Sie Ihre Schüler zu Stundenbeginn motivieren?
- Was versteht man unter „Exploration"?
- Braucht ein praxisorientierter Kunstunterricht ein Tafelbild?
- Was müssen Sie bei der Aufgabenstellung und der Themenwahl beachten?
- Wie lassen sich Inhalte des Faches Kunst mit Inhalten anderer Fächer verknüpfen?

Zusammenfassung Kapitel 4

Unterrichtsplanung

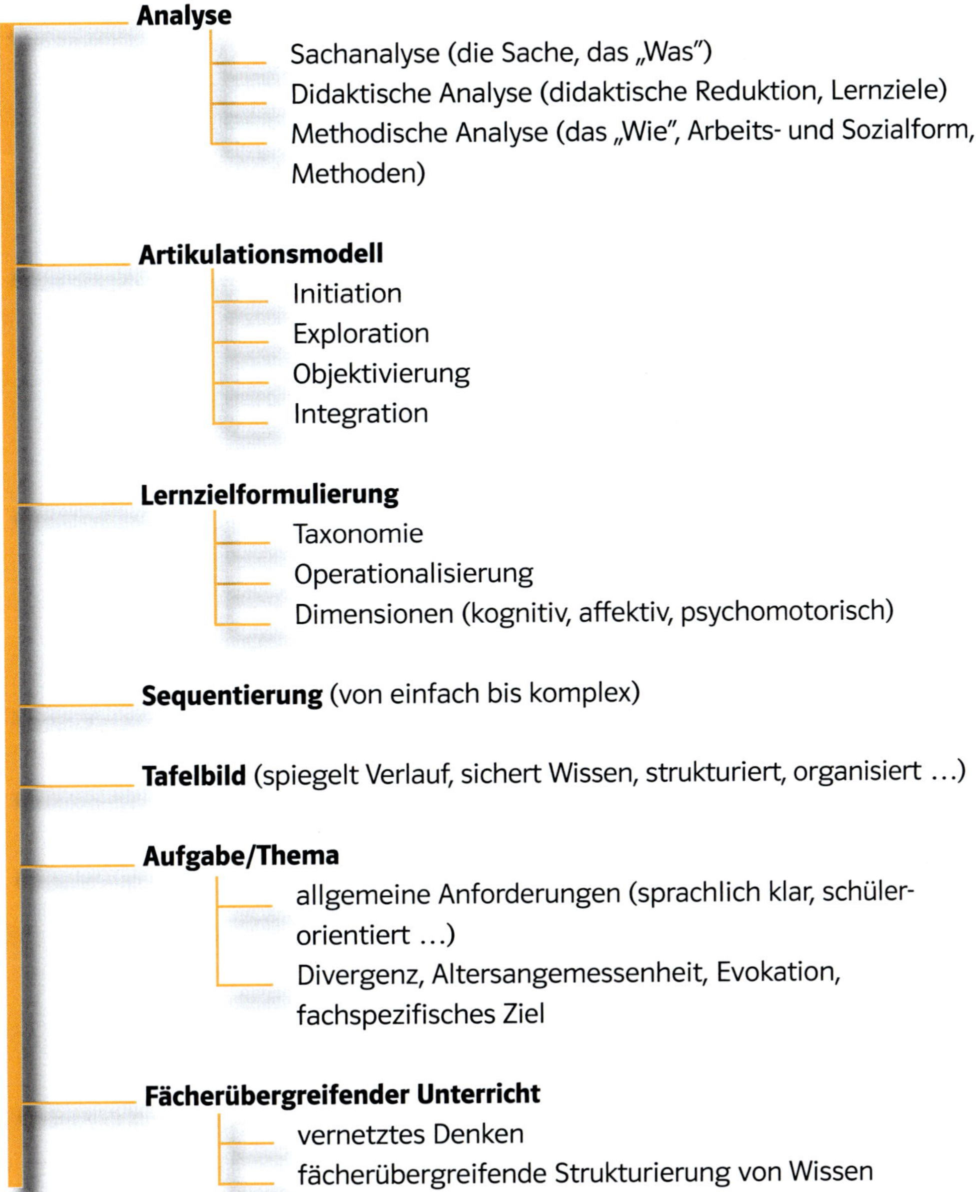

5. Unterrichtsprinzipien, fachspezifische Methoden und Arbeitsformen

Wiater definiert Unterrichtsprinzipien als „für alle Fächer geltende Grundsätze oder Handlungsregeln der Unterrichtsgestaltung. Ihre Beachtung vergrößert die Effizienz und die Qualität des Unterrichts"[53]. Die Definition impliziert, dass Unterrichtsprinzipien, die in der Fachliteratur auch „Unterrichtsgrundsätze", „Prinzipien effektiver Unterrichtsgestaltung", „Bildungsprinzipien", „didaktische Prinzipien", „Prinzipien guten Unterrichts", „Grundsätze unterrichtlichen Handelns" etc. genannt werden, - bei allen unterschiedlichen Akzentuierungen im Einzelnen - grundsätzliche Forderungen an den Schulunterricht von heute sind, die in jedem Unterrichtsfach, jeder Jahrgangsstufe und jeder Schulart Gültigkeit haben. Außerdem entsprechen sie dem heutigen Bild vom lernenden Menschen und dienen dem gegenwärtigen schulischen Erziehungs- und Bildungsziel der mündigen Persönlichkeit. Unterrichtsprinzipen lassen sich wissenschaftlich begründen und auf „realanalytische Aussagen, d. h. in der Praxis erprobte und überprüfte Wenn-Dann-Aussagen zurückführen"[54].
Zur Kategorisierung der Unterrichtsprinzipien teilt Wiater diese in „konstitutive Unterrichtsprinzipien" und „Prinzipien der methodischen Gestaltung des Unterrichts" ein. Die drei konstitutiven Unterrichtsprinzipien „Schülerorientierung", „Sachorientierung" und „Handlungsorientierung" sind allen anderen Unterrichtsprinzipien vor- und übergeordnet. Schüler, Sache und Handlung sind konstitutiv für den Unterricht und hängen wechselseitig voneinander ab.[55] Die drei konstitutiven Unterrichtsprinzipien finden sich in der schulpädagogischen Fachliteratur auch zu Unterrichtskonzeptionen weiterentwickelt.
Die Prinzipien der methodischen Gestaltung des Unterrichts Selbsttätigkeit, Differenzierung, Veranschaulichung, Motivierung, Ganzheit, Zielorientierung/Zielverständigung, Strukturierung, Ergebnissicherung haben eher den Charakter von Handlungsanweisungen und sind bei der konkreten Planung und Durchführung der Unterrichtsstunden zu berücksichtigen. Sie sind allen methodischen Unterrichtsentscheidungen über- und vorgeordnet und bestimmen die Auswahl der Artikulationsformen, der Sozialformen, der Kommunikationsformen und der Aktionsformen, beeinflussen die Lernzielüberlegungen, die Auswahl und Anordnung der Lerninhalte und die der einzusetzenden Medien. Ihre Umsetzung soll nicht wahlweise, sondern im Verbund geschehen, wobei einzelne Unterrichtsprinzipien eine unterschiedlich enge Beziehung zueinander aufweisen.[56]
Es stellt sich die Frage, welche Prinzipien im Kunstunterricht besondere Aufmerksamkeit verdienen, welche fachspezifischen Methoden den Unterricht prägen und welche Arbeitsformen günstig sind.

5.1 Wichtige Prinzipien

Wie oben erwähnt, unterliegt der Kunstunterricht wie alle Fächer allen Unterrichtsprinzipien, dennoch lohnt es, den Blick auf einige Prinzipien zu fokussieren.
Als praktisch angelegtes Fach verlangt Kunstunterricht nach dem konstitutiven Prinzip der Handlungsorientierung:

---

[53] Wiater 2005, S. 6
[54] ebd., S. 5 f.
[55] vgl. Wiater 2005, S. 7
[56] vgl. ebd., S. 14

Es ist „das Ziel eines handlungsorientierten Unterrichts, durch die aktive Auseinandersetzung und durch den handelnden Umgang der Schüler mit der sie umgebenden gesellschaftlichen Wirklichkeit Erfahrungs- und Handlungsspielräume zu schaffen und dadurch die Trennung von Schule und Leben ein Stück weit aufzuheben"[57].
Die Lern- und Kognitionspsychologie hat im Anschluss an Piaget deutlich gemacht, dass sich Denkstrukturen aus verinnerlichten Handlungen entwickeln. Vernetzte, handlungsrelevante, kognitive Wissensstrukturen gehen aus dem Handeln hervor und wirken wiederum regulierend auf das Handeln. Daher ist es wichtig, dass im handlungsorientierten Unterricht nicht nur das Tun und Hantieren im Vordergrund steht, sondern Handeln, Denken und Lernen sich wechselseitig verschränken. Darauf hat Dewey mit seiner Formel der „denkenden Erfahrung" und seinem „learning by doing" schon in der ersten Hälfte des 20. Jahrhunderts hingewiesen.[58]
Die Gehirnforschung und Wissenspsychologie zeigt, dass handelndes Lernen in lebensnahen Problemen durch Forschen, Entdecken und Erkunden den Aufbau eines Netzwerks im Gehirn bewirkt, was eine vielfältige, spätere Abrufbarkeit von vernetztem Wissen ermöglicht.[59]
Daher haben forschende, entdeckende Unterrichtsformen längst in den Kunstunterricht Einzug gehalten. (Vgl. Kap. 5.2.2)
In Bezug auf die (bei Wiater sogenannten) Prinzipien der methodischen Gestaltung des Unterrichts sollen die Prinzipien der Selbsttätigkeit, der Differenzierung und der Motivierung im Hinblick auf den Kunstunterricht erläutert werden.

Das Prinzip der Selbsttätigkeit:

Die Fähigkeit, selbsttätig und selbständig zu gestalten und zu lernen ist ein notwendiger Aspekt der Selbstbestimmungsfähigkeit des Menschen.
Das selbsttätige Lernen gehört, so Klafki, zu einer reich entwickelten Persönlichkeit, zur Freiheit des Menschen, sich ein Leben lang weiter zu entfalten und seine Möglichkeiten auszuschöpfen.[60]
Klafki rechtfertigt dieses Prinzip schon alleine aus psychologischer Sicht, da jedes Kind, und zwar schon das ganz kleine Kind, selbständig und selbsttätig lernen und auch immer selbständiger werden möchte.
Die Lust am Gestalten ist dem Schüler angeboren und es ist die Aufgabe des Kunstlehrers, diese zu erhalten und zu fördern. Wie kein anderes Fach kann Kunst die, für die Entfaltung gestalterischer Fähigkeiten nötigen Freiräume und Handlungsräume schaffen.

Das Prinzip der Differenzierung:

Eine heterogene Klasse benötigt eine erhöhte pädagogische Zuwendung und individuelle Betreuung. Dies gilt im Fach Kunst umso mehr, da Schüler diese Einzelbetreuung auch einfordern. Vor dem Kunstlehrer bildet sich meist eine lange Schlange von Schülern, die unsicher oder stolz dem Lehrer ihr Werk präsentieren, um Lob zu ernten oder gestalterische Hilfen zu erbeten.

---

[57] Enzyklopädie Erziehungswissenschaft 1986, S. 600
[58] vgl. ebd., S. 62
[59] vgl. Vester 1978, S. 93 ff.
[60] vgl. Klafki 1998, S. 111 ff.

Die methodischen Variationsmöglichkeiten für innere Differenzierung sind mannigfaltig und reichen von der Variation des Lernangebots, über eine Variation der Methoden oder der Leistungsbeurteilung bis hin zu einer Variation der Medien.
Im Fach Kunst differenziert man am besten im Hinblick auf das Thema und die bildnerische Aufgabe. Bei dem bereits in Kapitel 3.2.3 vorgestellten Thema „Mädchen am Fenster" war die bildnerische Aufgabe, das Mädchen als ganze Figur vor dem Fenster abzubilden. Es blieb dem Schüler überlassen, ob er die Figur von hinten stehend, seitlich stehend, sitzend oder liegend malt.

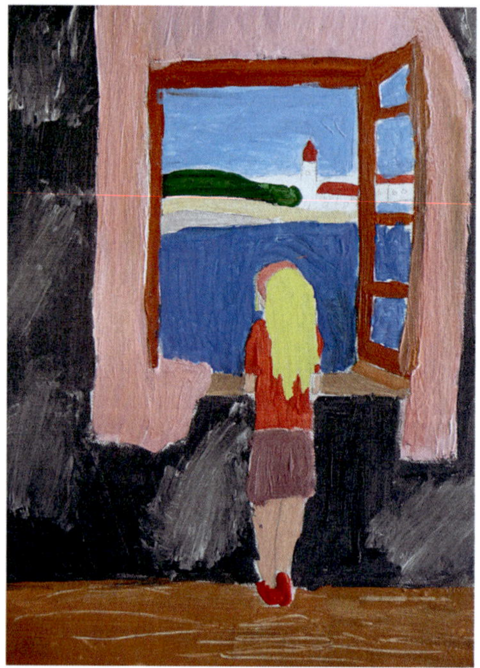

8. Jgst.

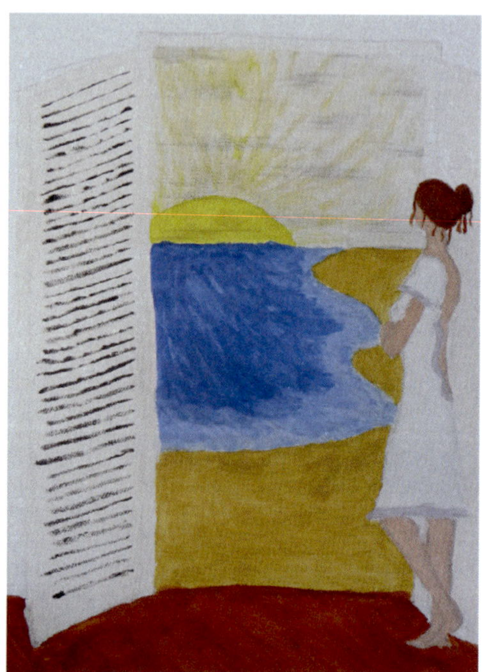

8. Jgst.

Das Mädchen rechts ist durch die seitliche Pose und die Verkürzung des Armes schwieriger darzustellen als die Figur links.
Die Entscheidung über den Schwierigkeitsgrad des Aufgabe fällten in diesem Beispiel die Schüler selbst. Diese Form der natürlichen, individuellen Differenzierung ermöglicht es dem Schüler, seine Kompetenzen selbst einzuschätzen.

Das Prinzip der Motivierung:

Nicht nur eine gelungene Initiationsphase zu Stundenbeginn (vgl. Kap. 4.2) sollte ästhetische Prozesse initiieren und den Schüler zum Gestalten anregen, sondern auch während des Unterrichtsverlaufes (oder sogar nach der Kunststunde) kann die Schülergruppe motiviert werden, z. B. durch:

- ein großes Materialangebot zum Gestalten
- Museumsbesuche
- Originale Begegnung mit Künstlern und Kunstwerken
- eine Kunstnacht
- Teilnahme an Wettbewerben
- Ausstellungen
- Filme über Kunst und Künstler (Kinobesuch)

Auch sollte das Prinzip der Erfolgsbestätigung nicht unterschätzt werden. Die Erfolgsbestätigung ist ein wichtiger Bestandteil des schulischen Lehrens und Lernens, vor allem im Hinblick auf die Selbstwirksamkeitsüberzeugung und das Selbstbewusstsein des Schülers. Lernpsychologische Konzeptionen zeigen auf, dass die Auftretenswahrscheinlichkeit eines Verhaltens abnimmt, wenn keine Erfolgsbestätigung gegeben wird. Der Kunstlehrer sollte sich überlegen, ob er die Notenskala nach unten ausschöpft.

5.2 Methoden

Klafki und auch Wiater sehen die Bedeutung der Unterrichtsmethode darin, Unterricht und Lernen so zu organisieren, dass das Lehren beim Schüler einen ziel- und sachorientierten Lernprozess hervorruft.[61]
Vom Lehrer wird Methodenkompetenz verlangt, also die Fähigkeit bei der Planung und Organisation eines Lernprozesses diejenigen Unterrichtsmethoden auszuwählen und anzuwenden, die jeweils die optimalen Bedingungen für die Begegnung von Lernenden und Unterrichtsgegenstand herstellen. Der Lehrer muss Methode haben, damit der Schüler Methode erlangt. Bildbetrachtung, Forschen und Experimentieren sind fachspezifische Methoden des Kunstunterrichts, die dem Schüler helfen, die Welt der Kunst zu verstehen.

5.2.1 Bildbetrachtung

Bei der Bildbetrachtung (Werkbetrachtung, Bildanalyse) unterscheidet man die rezeptive und die produktive Betrachtungsweise.

Wissenschaftlich orientierte Ansätze rezeptiver Art sind:

- **Werkimmanente Betrachtung:** Im Vordergrund steht das Werk, das, was zu sehen ist. Andere Bezugspunkte (z. B. die Biografie des Künstlers) werden ausgeblendet. Form und Inhalt werden analysiert.
- **Historische Betrachtung:** Im Vordergrund steht der Bezug zur Zeit (Epoche …), in der das Werk entstand.

---

[61] vgl. Wiater 1993, S. 36

- **Biografischer Ansatz:** Im Vordergrund steht das Leben des Künstlers und die Umstände, unter denen das Werk entstand.
- **Rezeptionsästhetischer Ansatz:** Im Vordergrund steht die Kommunikation des Betrachters als Rezipient mit dem Werk. (Wodurch spricht mich das Werk persönlich an? Durch welche formalen Besonderheiten spricht es mich an? Wofür war das Werk geschaffen?)

Für die Schule lohnt es sich, mit den Schüler gemeinsam ein eigenes Schema zur Betrachtung von Kunst zu entwerfen.

Beispiel mit einprägsamen W-Fragen:

- Was (ist zu sehen)?
- Wer (ist zu sehen)?
- Welches Material (wurde verwendet)?
- Welche Farben und Formen (wurden verwendet)?
- Welche bildnerischen Mittel (Kontraste, Perspektive ...)?
- Welcher Künstler (hat das Werk geschaffen)?
- Wann (hat er es geschaffen)?
- Welche Intention (könnte der Künstler verfolgen)?

Die aktiv-produktive Bildbetrachtung trägt der Forderung nach Rezeption und Produktion im Kunstunterricht Rechnung und kennt folgende Methoden:

- handlungsbezogener Ansatz: Ein Standbild wird „nachgebaut", eine Szene nachgestellt oder zum Leben erweckt.
- Bilddiktat: Das (noch nicht gesehene) Bild wird vom Lehrer beschrieben, die Schüler zeichnen oder malen das Bild und werden anschließend mit dem Kunstwerk konfrontiert.
- Teilgestaltung: Ein Teil des Werkes wird vom Schüler gestaltet.
- Nachgestaltung: Das Werk wird kopiert („kopieren heißt kapieren").
- Erweiterung: Das Werk wird erweitert.
- Collage/Montage: Das Werk wird durch Hinzufügen, Weglassen etc. verändert.
- Umgestaltung als Transposition: Das Werk wird mit einer anderen Technik nachgestaltet, wobei Aufbau und Inhalt gewahrt werden.
- Umgestaltung als Transfiguration: Das Grundmotiv bleibt, jedoch werden Bildteile abgeändert.

Spannende Methoden für den ersten Eindruck:

Der erste Eindruck ist von großer Bedeutung, da unsere Augen und das Gehirn Informationen sehr schnell verarbeiten und der erste Eindruck bereits Deutung sein kann.

Mit dem Tageslichtprojektor oder Beamer kann der Lehrer

- die Linse unscharf einstellen, um die Assoziationsfähigkeit und Neugierde zu steigern.
- ein „Dalli-Klick-Puzzle" als Ratespiel entwerfen. Das Bild wird Stück für Stück aufgedeckt.
- das Bild auf den Kopf stellen, um die Wahrnehmung zu schärfen.
- ein Farbbild als Schwarz-Weiß-Bild betrachten und die Schüler nach den Farben fragen.
- ein Bild mit „Blitzlicht" nur für 1-3 Sekunden zeigen und anschließend nach dem Bildinhalt fragen.

Weitere Methoden für einen spielerischen Zugang zu Bildern (vor allem für jüngere Schüler) sind:

- **Fantasiereise:** Die Schüler gehen gedanklich in ein Bild und erzählen (oder schreiben auf), was sie dort erleben.
- **Freies Schreiben:** Als Text, Textfragment oder Gedicht kann ein Werk (auch assoziativ) beschrieben werden.
- **Versteigerung:** Ein Schüler ist der Auktionator, der das Werk anpreist. Dazu muss er das Werk formal und inhaltlich würdigen. Die Bieter können Fragen stellen.
- **Expertenrunde:** In einer Gruppe diskutieren die Schüler über ein Werk. Dabei schlüpfen sie in Rollen. Ein Schüler ist der Farbexperte, ein Schüler ist Fachmann für Bildraum, ein weiterer für die Werkmittel ...
- **Interview:** Ein Schüler (oder der Lehrer) spielt den Künstler, die anderen Schüler interviewen auf einer „Pressekonferenz" den Künstler.
- **Fünf-Sinne-Check:** Die Wahrnehmung wird sensibilisiert durch Fragen wie: Was sieht man / hört man / riecht man / fühlt man / schmeckt man beim Betrachten des Werkes?
- **Geräuschkulisse:** Bei dem synästhetischen Ansatz wird überlegt, welche Geräusche zu dem Werk passen. Diese kann man selbst vertonen bzw. eine passende Musik auswählen.
- **Sammeln:** Die Schüler sammeln Wörter, Geschichten, Dinge, Bilder ..., die zu dem Werk passen und erklären die Bezugspunkte.

Bildreihe und Bildvergleich als Methoden:

Sowohl rezeptiv als auch produktiv kann eine Bildreihe betrachtet werden. Sie informiert über kunstgeschichtliche und stilistische Zusammenhänge, kann Vorschau oder Nachschau einer Sequenz sein oder das Lebenswerk und die Entwicklung eines Künstlers zum Inhalt haben.
Der Bildvergleich dient dem Zweck, das eine Werk durch den Vergleich mit einem anderen besser zu erfassen, Gemeinsamkeiten und Unterschiede zu erkennen. Bei einem Vergleich von Werken des japanischen Meisters Hiroshige und den Werken van Goghs wird z. B. deutlich, woher van Gogh seine Bildsprache hat.

Reproduktion und originale Begegnung:

In den meisten Fällen betrachtet man mit den Schülern Reproduktionen, die nicht den Reiz und die Ausdruckskraft eines Originals haben. Bei einer „originalen Begegnung" mit einem Kunstwerk, so Heinrich Roth, begegnet der Schüler einem Gegenstand, der als Kulturgut Ergebnis eines menschlichen Erkenntnis- oder Schaffensprozesses ist. Dieser wird in die ihm zugrundeliegenden ursprünglichen Fragen und Handlungen aufgelöst und so aus sich selbst heraus sinnhaft und sinngebend. Angesichts des originalen Gegenstandes tauchen genau die Aspekte seines Werdens auf, die im individuellen Entwicklungs- und Interessensspektrum des jeweiligen Betrachters liegen.[62] In seiner Originalität wirft der Lerngegenstand, hier das Kunstwerk, Fragen auf und führt zu einer intensiven Auseinandersetzung mit dem Werk. Außerdem reizt und motiviert das Werk zur eigenen Gestaltung. Zu den allgemeinen Bildungszielen der Schule gehört auch eine musisch-kulturelle Bildung, die zu einer aktiven Teilnahme am kulturellen Leben auffordert. Viele Schüler haben selten die Gelegenheit ein Museum oder ein Atelier zu besuchen, weil sie aus einem Milieu kommen, in dem Kunst keine Rolle spielt. Hier gilt es Hemmschwellen abzubauen und den Blick der Schüler für die Welt der Kunst zu öffnen.

Bildinteressen der Schüler:

Es liegt auf der Hand, dass man Grundschüler nicht mit Schafhälften von Damien Hurst, den schockierenden Körperdarstellungen der Gebrüder Chapman oder einer Performance des Österreichers Hermann Nietsch konfrontiert. Die vom Lehrer bewusst gewählten Werke sollten der Interessenlage und dem Alter der Schüler entsprechen.
Grundschüler suchen in Bildern gern nach Elementen der Wirklichkeit, lieben Details und dynamisch-dramatische Motive, ältere Schüler (ab ca. 14 Jahren) bevorzugen Bilder, von denen sie sich eine Weltorientierung erhoffen. Nach der Pubertät entwickeln sie auch einen Sinn für die Poesie stiller Bilder und der verschlüsselten magischen Dingwelt der Surrealisten wie René Magritte oder Max Ernst.[64]

5.2.2 Experimentieren

Die Methode „Experiment" (lat. *experimentum* = Versuch, Erfahrung)[64] hat Einzug in die Kunstlehrpläne gehalten.
Einerseits ist das Experiment wissenschaftliche Methode, in der durch Versuche Hypothesen überprüft werden, andererseits dient es dem Gewinnen von Erfahrungen und Erkenntnissen durch Wagnis und Versuch in der Praxis. Freitag-Schubert stellt fest, dass das Experimentieren im Kunstunterricht oft auf Material- und Verfahrenserkundung beschränkt sei.[65] Doch es ist mehr: Experimentelles Gestalten ist ein Prozess, der durch Offenheit gekennzeichnet ist und die Eigendynamik der Materialien und Werkzeuge für die Entwicklungen von Vorstellungen nutzt. Die Methode betont den Prozess und nicht das Produkt des

[62] vgl. Roth 1983, S. 164f.
[63] vgl. Hentig 1982, S. 125
[64] vgl. Meyers Großes Taschenlexikon 1983, S. 296
[65] vgl. Freitag-Schubert 1997, S. 3
[66] ebd.

Gestaltungsprozesses. Die Erfahrung von Zufall spielt bei den aleatorischen Verfahren als Bewegkraft im Prozess des Suchens, Improvisierens und Erfindens eine Rolle. Im „Dialog mit dem Unerwarteten"[66] wird Subjektives sichtbar.

Lehnerer vertritt die These, dass das Unvorhersehbare, Zufällige, Unvorstellbare, Offene generell ein Charakteristikum von Kunst ist, da Verlauf und Ergebnis beim Realisierungsprozess immer unvorhersehbar sind. Er pointiert: „Wer in der Kunst nicht grundsätzlich experimentiert, wer seine Methode nicht wirklich frei lässt, der arbeitet gar nicht im Bereich der Kunst, sondern im Bereich der Mechanik."[67]

Über den Zufall beim Gestaltungsprozess wurde viel diskutiert. Für den einen Künstler ist es das „Glück, auf das du hoffst", für den anderen ist der Zufall „gelenkt" oder „steuerbar". Über den Zufall in seiner Arbeit schreibt Jasper Johns: „Es gibt keine Zufälle in meinem Werk. Es kommt manchmal vor, dass etwas Unerwartetes passiert - die Farbe mag tropfen - aber dann sehe ich, dass es geschehen ist, und dann habe ich die Wahl darüberzumalen oder es zu lassen. Wenn ich es aber nicht tue, dann ist das Vorhandensein dieses Elements kein Zufall mehr."[68]

Einhelligkeit herrscht darüber, dass der Zufall akzeptiert wird und das Ergebnis am Ende subjektiv gewollt ist.

Das Experiment als Methode für die Schule legitimiert sich so:

- hoher Aufforderungscharakter durch die Vielfalt der Materialien
- lustvolles, körperliches Erleben von Gestaltungsprozessen
- Erweiterung des bildnerischen Vokabulars durch Entdecken
- Erfahrungen und Sicherheit im Umgang mit neuen Materialien
- Charakteristikum der Kunst (vor allem seit der Moderne)
- kreatives Entfalten bildnerischer Kräfte
- Erziehung zu einer toleranten und vorurteilsfreien Haltung durch die Auseinandersetzung mit dem Fremden
- Einblick in zeitgenössische Kunst

Möglichkeiten:

- experimentelles Malen (z. B. Drip Painting, Dekalcomanie)
- experimentelles Zeichnen (z. B. Frottage, Zeichnen mit selbst hergestellten Tuschen, Experimente mit Vogelfedern als Zeichenmittel)
- experimentelles Fotografieren (digitale Fotografie, Bildbearbeitungssoftware)
- Werkbetrachtung von Künstlern wie Max Ernst, Robert Rauschenberg, Jackson Pollock, Hans Hartung, Antoni Tàpies, Wols, Emil Schumacher oder Willem de Kooning

---

[66] ebd.

[67] Lehnerer 1994, S. 147

[68] Johns 1978, S. 44

Rahmenbedingungen:

- vorbereiteter Raum und Freiraum (außerschulische Lernorte wie z. B. der Wald)
- vorbereitete Werkstoffe (planloses Handeln führt in der Schule meist zu Chaos)
- vorbereitete Schüler (die Methode muss erklärt werden)

Beispiele:
Der Regen malt mein Bild:

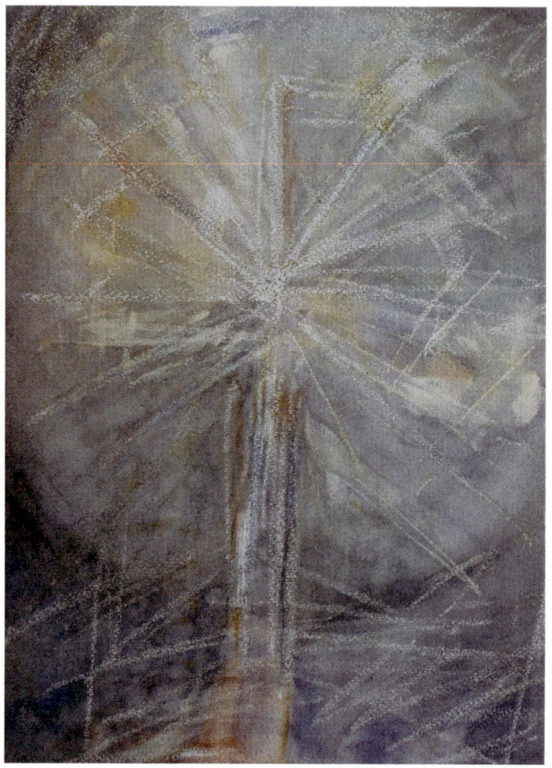

5. Jgst.

Beim Regenbild wurde zunächst dickes Papier farbig grundiert und dann für einige Minuten in den (von den Schülern sehnlichst ersehnten) Regen gelegt. Anschließend wurde „der Zufall ausgebeutet" und das Bild mit Tafelkreide nachbearbeitet.

Ein „gesalzenes" Schrottmonster.
Ein Schüler streute Salz auf die nasse Farbe um die Veränderungen des Farbverlaufs zu erforschen. Durch die hygroskopische Wirkung von Salz entsteht ein Erscheinungsbild, das echtem Rost nahe kommt.

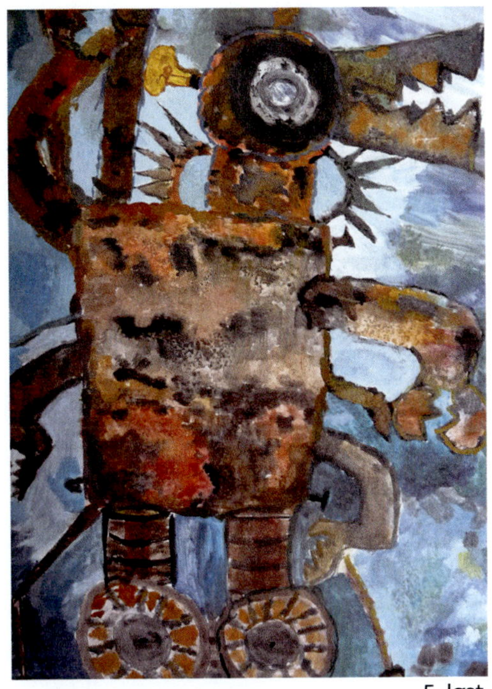

5. Jgst.

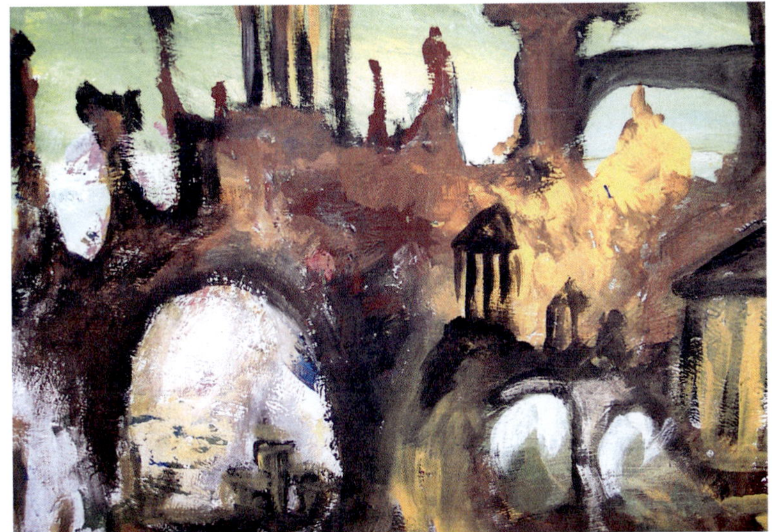

5. Jgst.

Dispersionsfarbe oder Acrylfarbe wird bei der Dekalcomanie (Abklatschtechnik) auf einen Bildträger gegeben. Dann wird Papier oder Stoff auf die Farbe gelegt und wieder abgezogen. Die entstehenden Farbspuren reizen zur Deutung. In diesem Fall schuf die Schülerin eine utopische Wohnwelt.

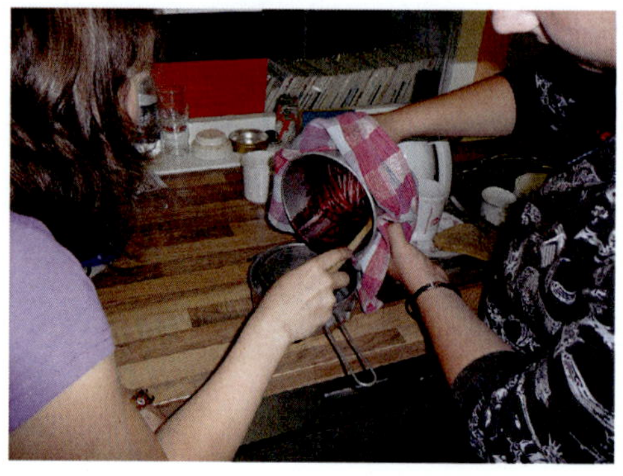

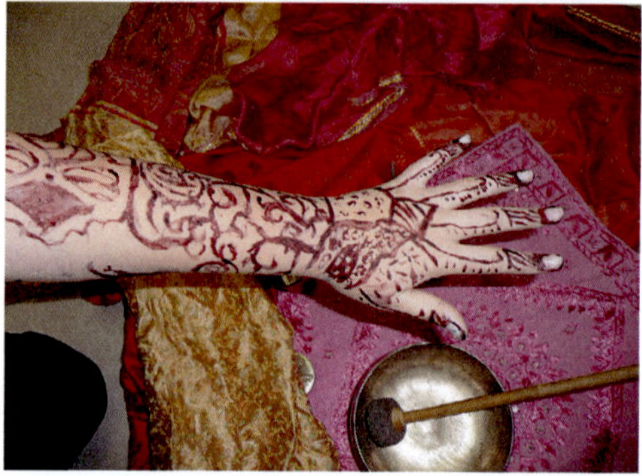

Eine 8. Klasse experimentiert mit Naturfarbe aus Heidelbeeren und schafft kunstvollen Körperschmuck.

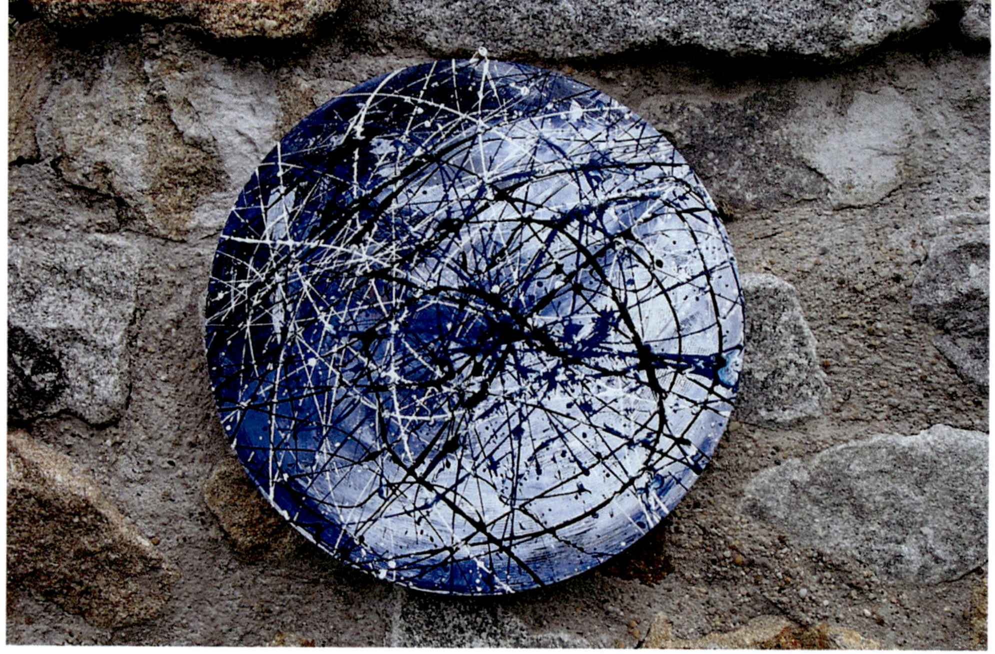

9. Jgst.

„Erinnerungen an ein Bild am Himmel": Drip-Painting Experimente à la Jackson Pollock. Technisch gesehen geht es um die Frage: Tropfen oder Spritzen? Schütten oder Gießen? Pinsel oder Dose? Dispersionsfarbe oder Autolack? Wie und mit was verdünne oder verdicke ich die Farbe? Wie ist die optimale Konsistenz der Farbe?

Dieses Umdruckverfahren ist nur für höhere Klassen geeignet. Bilder aus Illustrierten werden mit Lösungsmittel (Terpentin, Aceton oder besser Lavendelöl) betupft und auf weißes Papier umgedruckt. Mit etwas Glück werden interessante Fragmente des ursprünglichen Bildes sichtbar. Bei dem Bild mit dem Titel 90/60/90 wird die am Ende subjektiv gewollte Intention deutlich.

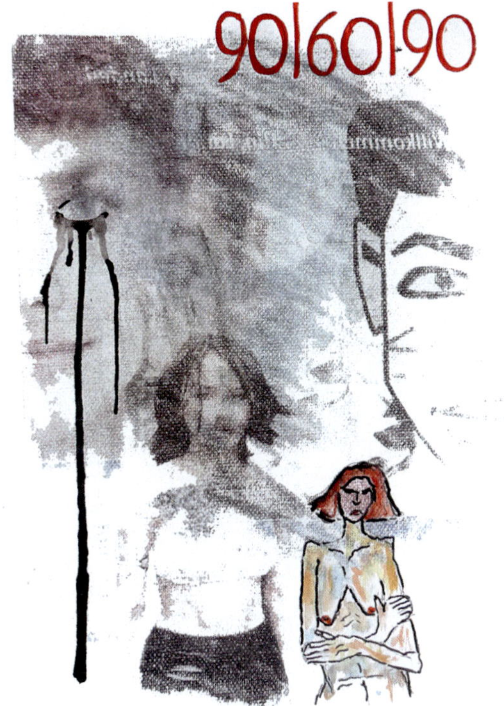

9. Jgst.

5.3 Arbeits- und Sozialformen

Arbeitsformen (oder Aktionsformen) beschreiben die Verteilung von Aktivität des Lehrers und der Schüler; Sozialformen kennzeichnen den Sozialverband (Klasse, Gruppe, Partnergruppe, Einzelschüler). In der Unterrichtsrealität finden wir, so Glöckel, Arbeits- und Sozialformen immer verbunden vor.[69] „Sie sind Abstraktionen aus einem weit komplexeren Sachverhalt, als Aspekte seiner Betrachtung oder Dimensionen seiner Vermessung, aber unentbehrlich für die Unterscheidung von Wesentlichem und Unwesentlichem."[70]

Charakteristik der Arbeits- und Sozialformen im Fach Kunst:

- Einzelarbeit

Jeder Schüler arbeitet für sich, um eine individuelle Bildlösung zu finden. Häufig ähneln sich die Werke benachbarter Schüler, weil interessante Impulse zum Nachmachen verführen.

- Partnerarbeit

Ein Team aus zwei Schülern teilt sich eine Aufgabe, wobei Leistungsniveau und Arbeitsanteil in etwa gleich sind. Geeignete Aufgaben sind z. B. Gestalten einer Collage oder gemeinsames Erarbeiten und Vortragen eines Referats.

---

[69] vgl. Glöckel 1996, S. 61
[70] ebd., S. 61

Gruppenarbeit (Gemeinschaftsarbeit):

Wer gemeinsam schöpferisch tätig ist, findet sich in bester Gesellschaft. Die befreundeten Künstler Yves Klein und Jean Tinguely beispielsweise gestalteten mehre Objekte aus Schrott und monochromen Scheiben, die durch Motoren in Rotation versetzt wurden, gemeinsam. Andy Warhol pflegte Freundschaften mit jungen, begabten Künstlern und malte Gemeinschaftsbilder mit Jean-Michel Basquiat und Francesco Clemente.

In der Schule soll die Gruppenarbeit Lernen im sozialen Verband ermöglichen und eine demokratische Lebensform einüben. Im Fach Kunst wird das Produkt der Arbeit „Gemeinschaftsarbeit" genannt, um den kooperativen Aspekt zu betonen. Gemeinsames Handeln und Gestalten ist aus sozialpädagogischer Sicht zu befürworten, jedoch befürchten manche Kunstlehrer, dass die Ingangsetzung individueller ästhetischer Prozesse zugunsten von Selbsterfahrungsprozessen, von präventiven oder gar therapeutischen Intentionen zu kurz kommt, erklärt Wichelhaus.[71]

Die Chancen der Gemeinschaftsarbeit liegen in der Erprobung und Förderung von Fähigkeiten, die das soziale Miteinander erforderlich machen. Gemeinschaftsgefühl, kommunikative Kompetenz, Kontakt-, Hilfs- und Anerkennungsbereitschaft werden gefördert. Sozial unerwünschte Verhaltensweisen wie Aggressivität, Intoleranz, Neid und Missgunst, sozialer Rückzug, eingeschränkte oder verweigerte Kommunikation und Interaktion werden abgebaut.[72]

Im Fach Kunst erleben die Schüler Gruppenarbeit anders als in den anderen Fächern. Die Gruppenprozesse unterliegen einer anderen Dynamik. Hier kann unter Umständen Eigenaktivität von sonst ruhigen, sprachlich inaktiven Schülern erwartet werden, weil ihre Stärke der bildhafte Ausdruck ist. Ein handwerklich begabter Schüler, der bei einer Gruppenarbeit im Fach Geschichte passiv ist, zeigt möglicherweise beim gemeinschaftlichen Drucken großes Geschick und erhält Anerkennung als wichtigstes Mitglied der Gruppe. Die Rollen der Gruppenmitglieder können völlig anders verteilt sein als in den anderen Fächern.

[71] vgl. Wichelhaus 1998, S. 5
[72] vgl. ebd., S. 4 f.

Beispiele für arbeitsteilige Gruppenarbeit:

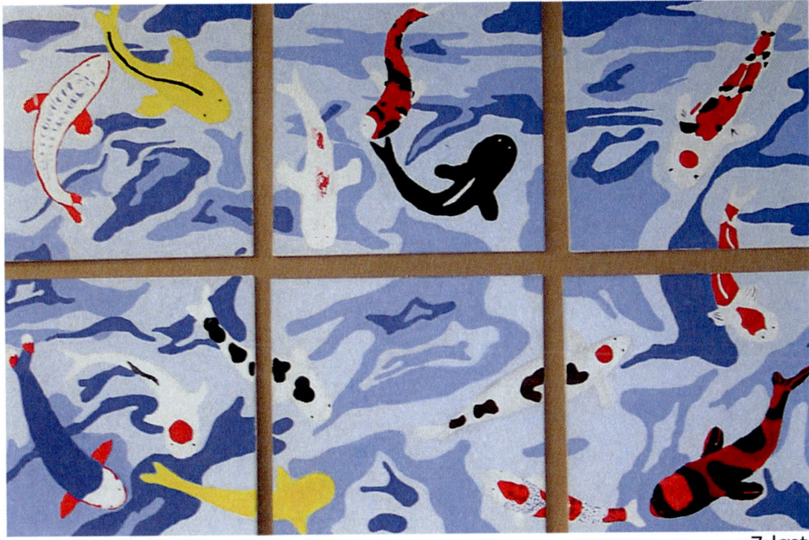

7. Jgst.

Beim „Koiteich" gestalteten je zwei Schüler ein Quadrat. Wie bei einem Orchester mussten sich alle Schüler abstimmen, welche Farben und Formen für das Wasser verwendet werden. Auch die Übergänge der blauen Formen mussten gemeinsam festgelegt werden.

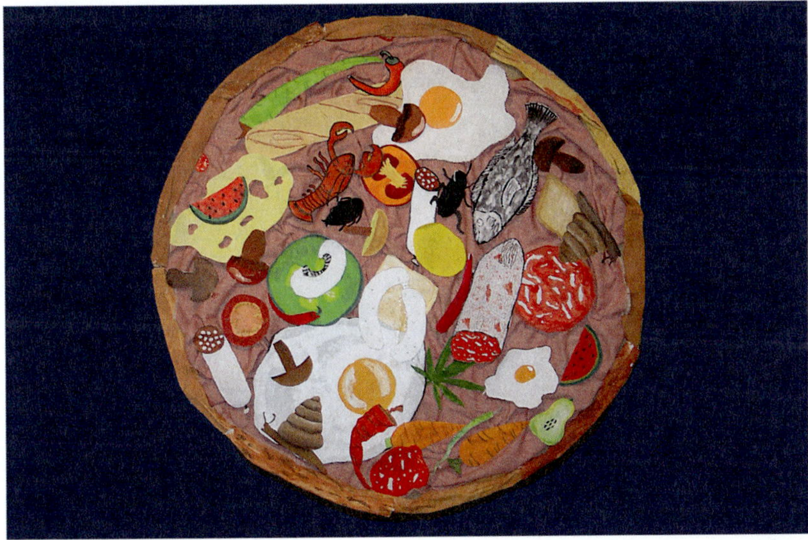

6. Jgst.

Die „Riesen-Klassenpizza": Arbeitsteilig gestaltete jeder Schüler eine Zutat des Pizzabelags, die er gerne auf der Pizza hätte. Als Pizzaboden wurde Stoff auf einen Pappkreis geklebt, der Pizzarand besteht aus zusammengerolltem Papier.

Bei arbeitsgleichen Verfahren gestalten die Schüler gemeinsam an einem Werk. Besonders interessant ist dies, wenn es gleichzeitig passiert, weil spannende Interaktionen entstehen.
Die Gruppe von Schülern (meist 4 Schüler) sitzt um ein großes Format herum. Zwar beginnt jeder Schüler mit dem Zeichnen oder Malen unmittelbar auf dem Stück Papier vor sich, doch schnell kommt es zu spannenden Interaktionen durch die Bildelemente der anderen Schüler. Übergänge müssen gefunden werden, Bildelemente der Mitschüler reizen zu neuen Ideen. Auf ein bildnerisches Agieren folgt ein Reagieren als besondere Form einer nicht-sprachlichen Kommunikation.

Besonders gut hierfür eignen sich Themen, die aus der Draufsicht bewältigt werden können.

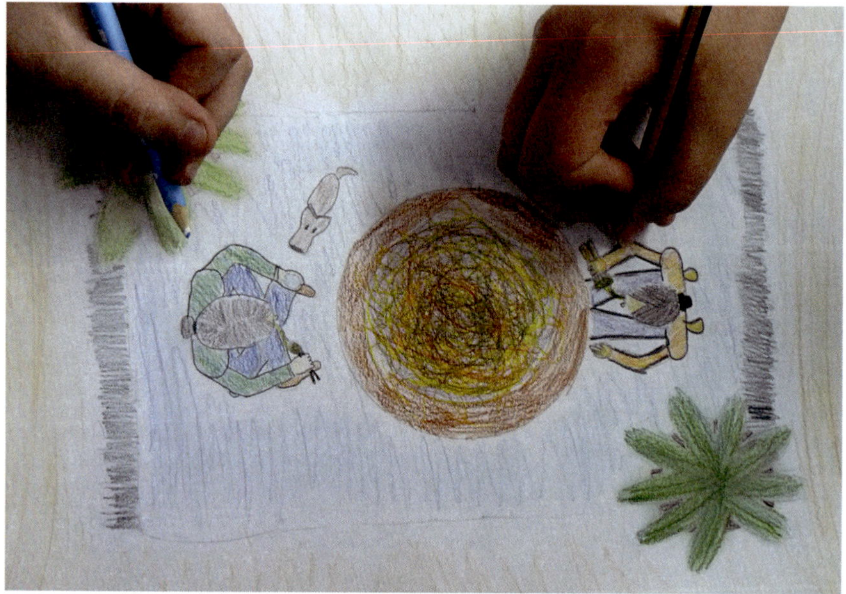

7. Jgst.

„Spaghetti für 2"

Als weitere Themen bieten sich an:

- Das Fußballmatch: Dem Schiedsrichter entgleitet das Spiel
- Im Eisstadion: Eisprinzessin und gepanzerte Männer
- Am Roulette-Tisch: Rien ne va plus!
- Das Pokerspiel: Coole Männer mit heißen Sonnenbrillen
- Am Lagerfeuer: Romantik mit Gitarre
- Auf dem Rummelplatz: Die neue Achterbahn ist klasse!
- Auf dem Pausenhof: Spieletag ohne Pausenaufsicht
- Im Freibad: Die Arschbomben-Meisterschaft

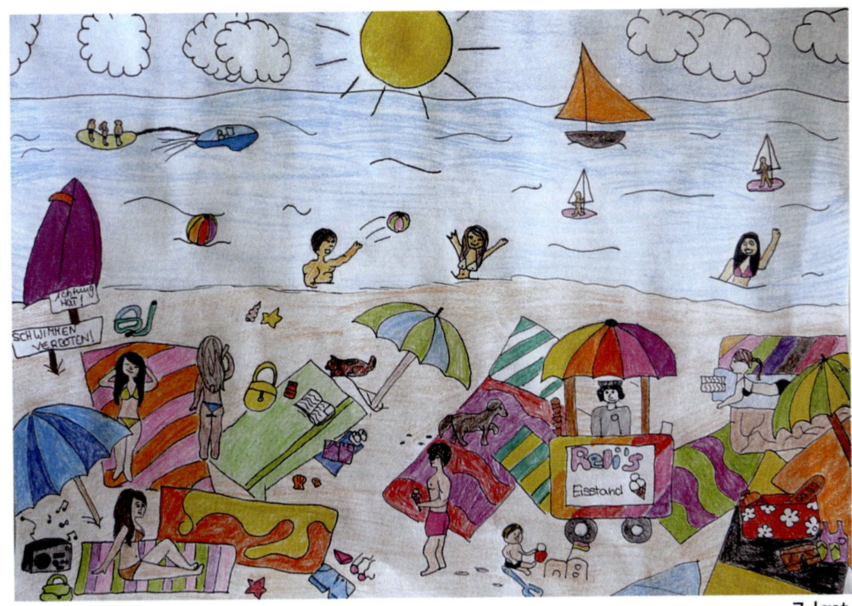

7. Jgst.

„30 Grad am Baggersee"

Beim gemeinsamen Zeichnen lassen sich meist drei Phänomene beobachten:

- Homogenität: Die Zeichner stimmen den Zeichenstil aufeinander ab, sodass man dem Bild am Ende nicht mehr ansieht, dass es von mehreren Schüler gezeichnet wurde.
- Modellfunktion: Der „schwächere" Zeichner übernimmt den Zeichenstil vom „besseren" Zeichner. Er lernt am Modell.
- Ideenreichtum: Die Zeichnungen sind detailfreudig, da die Schüler sich während des Zeichenprozesses unterhalten und ihre Fantasie gegenseitig anregen.

Fruchtbare Teamarbeit ergibt sich auch im Lernbereich Spiel (vgl. Kap. 3.5), da hier vorwiegend interaktiv gearbeitet wird und bei Kunst-Projekten, die auch schulartübergreifend angelegt sein können.

Schwierigkeiten bei Gruppenarbeiten können sein:

- Besitzanspruch (Wem gehört das Werk?)
- Bewertung (siehe Kap. 6)
- Raum- und Materialorganisation
- mangelnde Methodenkompetenz der Schüler
- mangelnde Sozialkompetenz der Schüler bei den ersten Versuchen

5.4 Disziplinprobleme

Besonders Fachlehrer, die ausschließlich Kunst unterrichten, leiden unter dem Image des Faches Kunst als „Krach- und Schmuddelfach". Schüler, die bereits mehrere Stunden einen Unterricht besuchten, der sie überwiegend kognitiv forderte, suchen nach einem Ventil, ihrer Bewegungslust Lauf zu lassen. Hinzu kommt eine mangelnde Anerkennung des Faches bei den Eltern, was sich auf die Schüler überträgt.
Strafen sowie Ordnungsmaßnahmen, wie Hinweise und Verweise, sind in der Regel als Mittel der Disziplinierung weniger geeignet als:

- positive Verstärkung durch Lob (auch wenn es noch so schwer fällt)
- Einzelbesprechung von Werken (auch wenn die Schülerarbeit mangelhaft oder provokativ ist; eine paradoxe Intervention überrascht den Schüler, der plötzlich ernst genommen wird)
- gut organisierter Organisationsrahmen (auch bei offenen Aufgabenstellungen)
- lebendiger, gut strukturierter Unterricht (vgl. Kap. 4.2)
- vorwiegend handlungsorientierter Unterricht gleicht den Mangel an unmittelbaren Erfahrungen aus, verlangt beim Schüler nach Eigeninitiative und Einsatz und hat somit kompensatorische und qualifizierende Funktion
- Schaffen von Erfolgserlebnissen bei den ersten Bildern zu Jahresbeginn statt Frustration (man kann Themen und Aufgaben so wählen, dass die Ergebnisse beeindrucken, obwohl die Anforderungen gering sind)
- ständiges Überdenken und Reflektieren der Lehrerrolle und des eigenen Handelns (Festhalten am Berufsethos)
- Kreativität überwindet Destruktivität (künstlerische Aktivität vermindert Gewaltbereitschaft, sobald das Selbstvertrauen wächst)

Prüfungsfragen zu Kapitel 5

- Welche Unterrichtsprinzipien sind im Fach Kunst von besonderer Bedeutung?
- Wie können Sie Schüler im Fach Kunst individuell fördern?
- Welche Möglichkeiten zur Differenzierung gibt es im Fach Kunst?
- Welche fachspezifischen Methoden kennt das Fach Kunst?
- Rezeption und Produktion ergänzen sich im Kunstunterricht. Erläutern Sie!
- Welche Möglichkeiten der Rezeption (Werkbetrachtung) kennen Sie?
- Nennen Sie Möglichkeiten einer aktiven Bildbetrachtung!
- Methode „Experiment". Erläutern Sie!
- Welche Ziele werden verfolgt, wenn Schüler gemeinsam gestalten? Wo sind die Grenzen?
- Ist kooperatives Lernen im Kunstunterricht möglich?
- Der Kunstunterricht leistet einen Beitrag zur demokratischen Erziehung der Schüler. Erläutern Sie!
- Welche Möglichkeiten haben Sie, Schüler im Kunstunterricht zu disziplinieren?
- Kunstunterricht zwischen Offenheit und Planung. Erläutern Sie!

Zusammenfassung Kapitel 5

Unterrichtsprinzipien, fachspezifische Methoden und Arbeitsformen

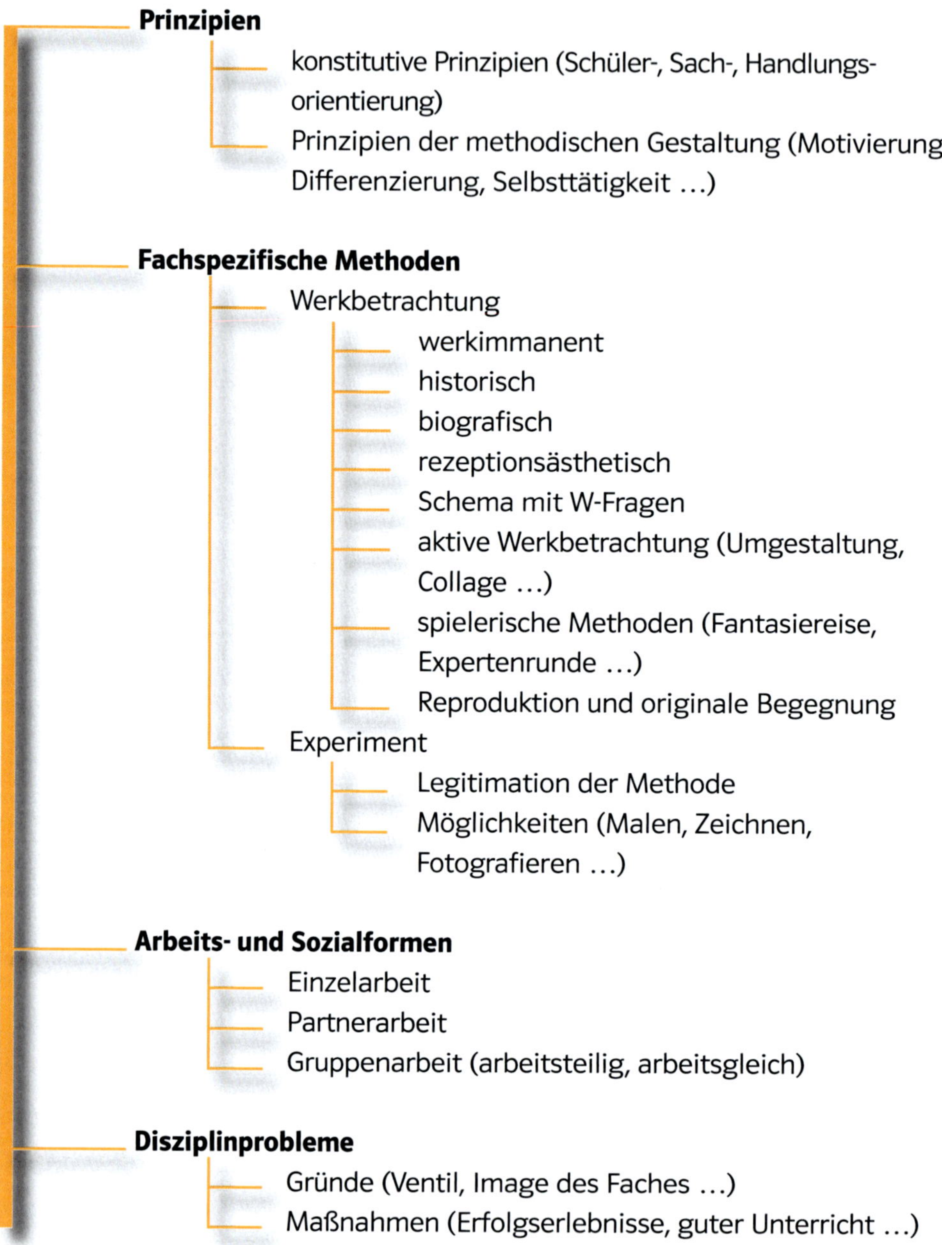

6. Leistungsmessung

„Leistungskontrolle gehört zur Unterrichtsanalyse im Rahmen der Unterrichtsplanung und bedeutet allgemein Überprüfung von Teilerfolgen in einem langfristigen Lehr-/Lernprozess. Geht es um Bewertung, also um die Beurteilung einer Leistung, ist von Leistungsmessung zu sprechen."[73]
Über das Für und Wider von Noten wurde viel diskutiert und noch heftiger im Fach Kunst. Im Folgenden soll der Schwerpunkt nicht auf der Klärung der Frage ob Leistung gemessen, sondern wie sie gemessen werden sollte, liegen.

6.1 Problematik der Notengebung

Die Auffassungen vom Wert der Leistungsmessung schwanken. Kunstlehrer, die im Unterricht eher eine kompensatorische und emanzipatorische Aufgabe sehen, stehen ihr kritisch gegenüber. Die Funktionen der Noten, wie Rückmeldung für Schüler und Eltern, Sozialisierungsfunktion, Funktion der Hinführung zur Standardisierung von Unterrichts- und Lerninhalten, Anreizfunktion und die gesellschaftliche Funktion der Qualifikation implizieren auch immer konträre Funktionen wie Selektion und Demotivation, die sich mit dem genuin pädagogischen Gedanken des Förderns wenig vereinbaren lassen.
Das Unbehagen beim Bewerten von Schülerwerken resultiert auch daher, dass viele Lehrer als Studenten die Instrumentarien zur Bewertung nicht oder unzureichend gelernt haben. Für andere Kunstlehrer wiederum ist das Notengeben selbstverständliche Praxis, weil für sie Beurteilungen und Bewertungen für nahezu alle Bereiche unserer Gesellschaft von zentraler Bedeutung sind.

Für den Kunstdidaktiker Gunter Otto war belegbar, „dass es auch, und sogar in einem künstlerischen Fach möglich ist, Unterrichtssituationen zu schaffen, die eine objektive Messung der Schülerleistungen erlauben"[74]. Dies versuchte er damit zu erreichen, indem er formale Kriterien (z. B. Anzahl von Farbwerten, Formenreichtum ...) als Kategorien aufstellte und durch ein kompliziertes System innerhalb der Kategorien Punkte vergab, die dann zur Note umgerechnet wurden. Peez verweist darauf, dass auch andere Kunsterzieher, wie Wolfgang Krause oder Thomas Michl Jahrzehnte nach Otto dessen Punktesystem favorisieren und mit einem 100 Punkte-System Schülerarbeiten bewerten. Als Vorteile des Systems nennt Peez: Transparenz, Objektivierbarkeit, Vergleichbarkeit, Überprüfbarkeit der Unterrichtsziele und eindeutige Notenzuweisung. Nachteile sind: Undurchschaubarkeit der Methode bei vielen Lernzielen, fehlende übergreifende, ästhetische Gesichtspunkte wie z. B. Dynamik oder Originalität, fehlende Anerkennung individueller Leistungsverbesserung (also fehlende vertikale Leistungsmessung) und Verwirrung bei zu vielen Kriterien.[75]

---

[73] Heinig 1982, S. 141
[74] Otto 1969, S. 150
[75] Guilford in Mühle/Schell 1970, S. 13 f.
[75] vgl. Peez 2004, S. 4 ff.

Die wohl deutlich größere Gruppe der Kunstlehrer bewertet Schülerarbeiten mit dem von Hans-Günther Hiebner benannten „Evidenzurteil" (evident = augenscheinlich, offenkundig).[76] Das Evidenzurteil resultiert aus dem spontanen Eindruck, die Note wird kommentarlos auf die Blattrückseite geschrieben. Beim „modifizierten Evidenzurteil" spielen die Unterrichtsziele eine (jedoch diffuse) Bedeutung. Eine Variante dieser Bewertung ist das Sortieren der Bilder in drei Stapel (gut, mittel, schlecht; wobei die guten Bilder nochmals unterteilt werden in gut und sehr gut).

Vorteile des Evidenzurteils sind: Künstlerisch ganzheitliche Bewertung, Zeitökonomie, Erfassung allgemeiner Bildqualitäten wie Originalität, Komposition oder Gesamtwirkung. Nachteile sind: fehlende Transparenz, fehlende Berücksichtigung konkreter Lernziele, Subjektivität im Hinblick auf das ästhetische Empfinden des Lehrers, aber auch im Hinblick auf das Verhältnis zum Schüler (Sympathie - Antipathie).

6.2 Kriterien für Leistungsmessung im Kunstunterricht

Folgende Kriterien sollten bei der Leistungsmessung im Kunstunterricht in jedem Fall Berücksichtigung finden:

- Die bildnerischen Probleme müssen sich als Kriterien verifizieren, ablesen, erkennen und benennen lassen. Dazu müssen die Lernziele operationalisiert sein. (Vgl. Kap. 4.3)
- Die Kriterien müssen für den Schüler transparent sein.
- Die Kriterien müssen an der Tafel fixiert sein.
- Die Lösungsmöglichkeiten müssen im Unterricht vermittelt worden sein.
- Verbal schlecht beschreibbare Kriterien, z. B. Originalität, Stimmung, Bildwirkung, Spannung, Dynamik, müssen bei der Bewertung berücksichtigt werden.
- Der alters- und entwicklungsbedingte bildnerische Stand des Schülers muss berücksichtigt werden.
- Der Lernzuwachs kann im Sinne einer vertikalen Leistungsmessung berücksichtigt werden.
- Kreative Merkmale einer Schülerarbeit sollten berücksichtigt werden, da Förderung der Kreativität ein Richtziel des Kunstunterrichts ist.

Das letztgenannte Kriterium bereitet einigen Kunstlehrern Kopfzerbrechen. Es wurde bereits erwähnt, dass Ziele wie „die Schüler sollen sich kreativ verhalten" wegen ihrer mangelnden Konkretisierung nicht überprüfbar und bewertbar sind. Lassen sich dennoch Ziele im Hinblick auf kreative Merkmale formulieren, überprüfen und bewerten?

[76] vgl. Hiebner 1985, S. 338

Ein Beispiel soll die Problematik erläutern:

Thema: „Insekten ärgern eine Venus-Fliegen-Falle" (7. Klasse)

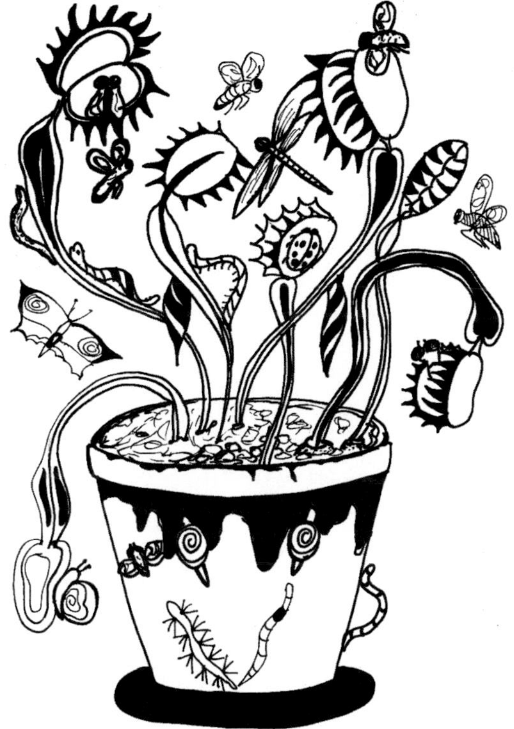

7. Jgst.

Ein Lernziel im Hinblick auf das Merkmal Fluktualität als Kennzeichen von Kreativität war:
Die Schüler sollen viele verschiedene, in Form und Größe unterschiedliche Insekten zeichnen.
Ein zweites Lernziel im Hinblick auf Elaborationsfähigkeit war so formuliert:
Die Schüler sollen die Insekten detailreich mit Binnendifferenzierung gestalten.
Ein drittes Lernziel im Hinblick auf Originalität lautete:
Die Schüler sollen ungewöhnliche, interessante Kontakte zwischen den Insekten und der Pflanze herstellen.
Es lassen sich sicher nicht alle 7 Merkmale von Kreativität überprüfen, jedoch bei den erwähnten drei kann festgehalten werden, dass diese sehr gut erfüllt wurden.
Es bleibt dem Lehrer überlassen, wie er die Erfüllung der Kriterien in das Gesamturteil (die Note) einfließen lässt.

Objektivität der Kunstnote:

Der Kunstnote wird Subjektivität unterstellt, da das ästhetische Empfinden der Menschen (auch erziehungs- und kulturabhängig) unterschiedlich ist. Zur Objektivierung der Note kann folgendes beitragen:

- benotete Schulaufgaben und Extemporalen
- benotete Bildbeschreibungen und Werkanalysen nach einem gelernten Schema (vgl. Kap. 5.2.1)
- benotete Referate über Künstler oder Epochen
- Benotung von Werken durch mehrere Lehrer
- hohe Anzahl von Einzelnoten

6.3 Alternative Verfahren zur Leistungsmessung

Einen Mittelweg zwischen einer übertrieben kriteriengeleiteten Bewertung mit unzähligen Punkten und einem spontanen Evidenzurteil ist der Kunstnotenmixer-Stempel: Dieser beschränkt sich auf die Bewertung von 5 Hauptkriterien, die so formuliert sind, dass der Lehrer seine Ziele darin findet und Transparenz für den Schüler gewährleistet ist. Er wird auf die Bildrückseite gestempelt.

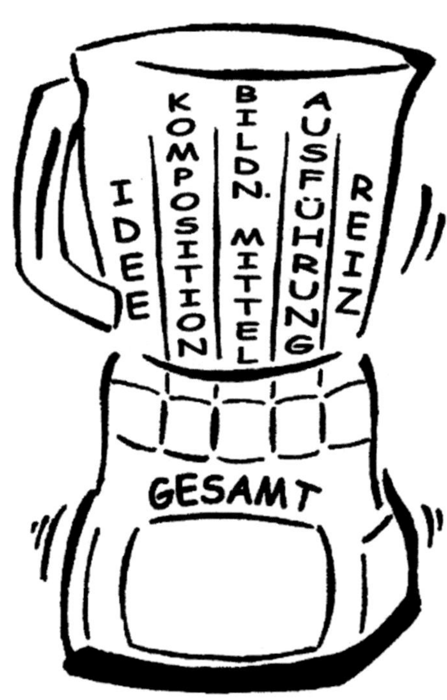

Hinweise zu den Kriterien:

Idee
Wie ist das Thema umgesetzt? Ist die Bildlösung originell? Ist das Bild inhalts- und gehaltsvoll? Wie klischeehaft ist das Ergebnis?

Bildnerische Mittel
Was war der Stundenschwerpunkt? Formkontrast? Farbkontrast? Überschneidung? Perspektive? Schraffuren? Muster? etc.

Komposition
Ist der Bildaufbau spannungsvoll? Wie ist das Verhältnis der Bildelemente zueinander? Wurden (z. B. beim klassischen Stillleben) die Kompositionsregeln eingehalten?

Ausführung
Wie sauber wurde gearbeitet? Wie detailfreudig, wie exakt, wie differenziert oder (je nach Thema) wie schlicht, reduziert, abstrahiert ...? Wie wurden Farben gemischt?

Reiz
Es geht um den sprachlich schwer zu beschreibenden, künstlerischen, ästhetischen Reiz eines Bildes und die Gesamtwirkung. Spricht das Bild den Betrachter an?

Die Bewertung erfolgt durch Zifferzensur von 1-6 bei den 5 Kriterien. Das errechnete Mittel ist die Gesamtnote.

Mitbewertung und Selbstbewertung

Im Vordergrund steht nicht das Finden einer Notenziffer, sondern das verbale Beurteilen von Leistung.
Ziele bei dieser Form von Bewertung, deren Wurzeln in der Reformpädagogik liegen, sind vor allem:

- Entwicklung des ästhetischen Empfindens
- Entwicklung der ästhetischen Urteilsfähigkeit und Fähigkeit zur Begründung
- Förderung der reflexiven Auseinandersetzung mit dem eigenen Werk
- individuelle Würdigung (durch Berücksichtigung von Leistungssteigerung) und damit starke Orientierung am pädagogischen Leistungsbegriff

Gallery Walk:
Die Bilder werden wie in einer Galerie aufgehängt. Die Schüler gehen in Kleingruppen an den Bildern vorbei und diskutieren über diese. Sobald sie alle Bilder besprochen haben, machen sie einen zweiten Rundgang, wobei die Bilder Punkte (Klebepunkte) als Würdigung erhalten. Je nach Absprache können z. B. für ein sehr gutes Bild bis zu fünf Punkte vergeben werden.
Die Kleingruppen müssen in der Lage sein, ihr Urteil zu begründen.

Portfolio:
Die Schüler führen eine Portfoliomappe, in der kommentierte Bilder, Künstlersteckbriefe, Tafelabschriften etc. gesammelt werden.
Die Mappe kann auch zur Dokumentation von Projekten geführt und benotet werden.

Beispiel: Bei einem Projekt sollte ein Teilbereich des Pausenhofs mit Elementen der Landart umgestaltet werden.

Der Inhalt der Portfoliomappe kann sein:

- Ideenskizzensammlung
- Grundrisszeichnung des Geländes
- Steckbriefe von Landart-Künstlern, wie Nils Udo, Andy Goldsworthy oder Richard Long
- Planungsskizzen
- Fotodokumentation der Arbeitsschritte
- Interviews zur Evaluation

Distanz:
In der Raummitte liegt oder steht ein Schülerwerk. Die Schüler stellen sich in einem selbst gewählten Abstand zu dem Werk. Nahe beim Werk bedeutet „gefällt mir sehr gut", weit weg heißt „gefällt mir gar nicht". Die Schüler müssen ihre Distanz zum Werk begründen.

Gruppenanalyse/Expertenteam:
Ähnlich wie bei der Textlupe im Fach Deutsch besprechen 3-6 Gruppenmitglieder an einem Gruppentisch ein Werk, das in der Tischmitte liegt oder steht. Die Bewertung erfolgt anhand eines bekannten Rasters. Auf einer Art Evaluierungsbogen können Punkte vergeben werden für: Idee, Komposition, Detailfreudigkeit … Ein verbales Gesamturteil rundet das Urteil ab (z. B. Wir finden, dass das Bild … ist, weil …).

Versteigerung:
Ein Auktionator preist ein eigenes oder fremdes Bild an, indem er das Bild kritisch würdigt. Er setzt den Mindestpreis fest. Bei der Versteigerung können die Bieter auch Fragen stellen.

Inwieweit der Lehrer die Beurteilungen der Schüler in die Note einfließen lässt, muss er selbst entscheiden.

Bei der Bewertung von Gruppenarbeiten sollte folgendes beachtet werden:

- Der Lehrer sollte die Gruppen stets beobachten und ständig Kontakt zu diesen haben, damit eine Zuordnung der Einzelleistung der Schüler gewährleistet ist.
- Soziale Interaktion im Sinne des kooperativen Lernens kann in die Bewertung einfließen. Beobachtet werden z. B. Bereitschaft zur Verantwortungsübernahme, Kommunikationsfähigkeit, Engagement …
- Eigenbewertung durch Schüler kann bei der Notenfindung berücksichtigt werden. Hier bietet sich ein Punktesystem an. Die Gruppe erhält eine Punktesumme, die sie verteilt.

Prüfungsfragen zu Kapitel 6

- Erläutern Sie das Für und Wider der Notengebung im Fach Kunst.
- Welche Kriterien ziehen Sie zur Leistungsmessung heran?
- Hat die Ziffernzensur ausgedient? Welche alternativen Verfahren zur Bewertung sind denkbar?
- „Kunstnoten sind immer subjektiv!" Erläutern Sie die These und stellen Sie auch Möglichkeiten der Objektivierbarkeit vor.
- Noten müssen auch im Fach Kunst transparent und objektiv sein. Welche Möglichkeiten haben Sie, dieser Forderung nachzukommen?
- Kann eine Gruppenarbeit benotet werden?

Zusammenfassung Kapitel 6

Leistungsmessung

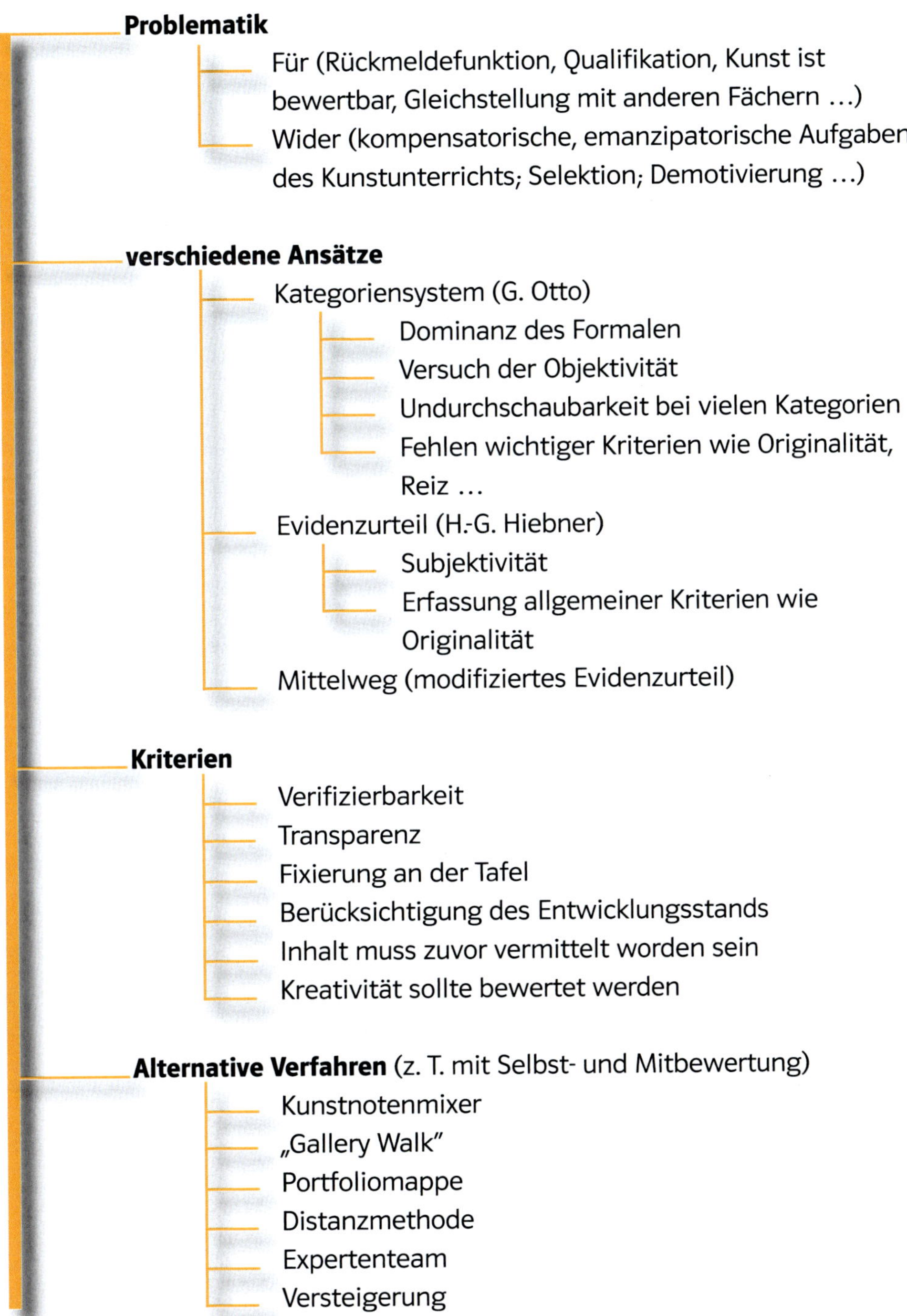

Literatur

Arning, F.: Kompetenzorientierung der Lehrerbildung. In: Bayer u. a.: Lehrerin und Lehrer werden ohne Kompetenz? Bad Heilbrunn 2000

Bloom, B.: Taxonomy of Educational Objectives. New York 1956.

Bloom, B./Kratwohl, D.: Taxonomy of Educational Objectives, the Classification of Educational Goals. New York 1973

Eid, K./Langer, M./Ruprecht, H.: Kinderkunst. München 1983

Eid, K./Ruprecht, H.: Die Collage. München 1982

Csikczentmihalyi, M: Kreativität. Stuttgart 1997

Fetz, R.: Die Entwicklung der Himmelssymbolik in Menschheitsgeschichte und individueller Entwicklung. Ein Beitrag zu einer genetischen Seniologie. In: Zweig, A. (Hg.): Schriften zur Symbolforschung. Band 2: Zur Entstehung von Symbolen. Bern/Frankfurt am Main 1985

Freitag-Schubert, C.: Malen experimentell. In: Kunst und Unterricht. Heft 214/1997

Geißler, G.: Kleine pädagogische Texte. Weinheim/Berlin 1967

Glöckel, H.: Vom Unterricht. Bad Heilbrunn 1996

Hartlaub, G.: Der Genius im Kinde. Breslau 1930

Heinig, P.: Repetitorium Fachdidaktik Kunst. Bad Heilbrunn 1982

Hiebner, H.-G.: Bewertung und Benotung bildnerischer Arbeiten im Kunstunterricht. In: Menzer, F. (Hg.): Forum Kunstpädagogik. Baltmannsweiler 1985

Huizinga, J.: Homo ludens. Vom Ursprung der Kultur im Spiel. Reinbeck 1994

Itten, J.: Kunst der Farbe. Freiburg 2003

Johns, J.: Katalog Jasper Johns. Köln 1978

Kandinsky, W.: Über die Formfrage. In: von Lankheit, K. (Hg.) Der Blaue Reiter. München 1965

Kellog, R.: Analyzing childrens art. Palo Alto 1969

Kerschensteiner, G.: Die Entwicklung der zeichnerischen Begabung. München 1905

Klafki, W.: Didaktische Analyse als Kern der Unterrichtsvorbereitung. Hannover 1958

Klafki, W.: Selbsttätigkeit als Grundprinzip des Lernens in der Schule - Wiederaufnahme und Weiterentwicklung einer reformpädagogischen Idee und ihre Verwirklichung in der Schule. Marburg 1998

Klee, F.: Tagebücher von Paul Klee 1898-1918. Köln 1957

Klein, H.: Sachwörterbuch der Drucktechnik und grafischen Kunst. Köln 1981

Lehrplan für die bayerische Hauptschule. Wolnzach 2004

Lehnerer, T.: Methode der Kunst. Würzburg 1994

Lenzen, D. (Hg.): Enzyklopädie Erziehungswissenschaft, Bd. 3. Stuttgart 1986

Lewis, V.: Young children's painting of the sky and the ground. In: International Journal of Behavior Development 13/1990

Mallarmé, S.: Kritische Schriften. Gerlingen 1998

Malraux, A.: Psychologie der Kunst. Das imaginäre Museum. Baden-Baden 1949

Meyers Großes Taschenlexikon. Mannheim 1983
Mollenhauer, K.: Grundfragen ästhetischer Bildung. Theoretische und empirische Befunde zur ästhetischen Erfahrung von Kindern. Weinheim/München 1996
Mühle, G./Schell, Ch. (Hg.): Kreativität und Schule. München 1970
Nicolaides, K.: The natural way to draw. Boston 1941
Otto, G.: Kunst als Prozess im Unterricht. Braunschweig 1969
Peez, G.: Beurteilen und Bewerten im Kunstunterricht. In: Kunst und Unterricht. Heft 287/2004
Peez, G.: Beurteilen und Bewerten im Kunstunterricht. Seelze 2008
Richter, H.: Die Kinderzeichnung. Entwicklung - Interpretation - Ästhetik. Düsseldorf 1987
Roth, H.: Pädagogische Psychologie des Lehrens und Lernens. Hannover 1983
Schäfer, G.: Bildungsprozesse im Kindesalter. Selbstbildung, Erfahrung und Lernen in der frühen Kindheit. Weinheim/München 1995
Schiller, F.: Über naive und sentimentalische Dichtung. Stuttgart 1975
Schmidt, S.: Kreativität aus der Beobachtungsperspektive. In: Gumbrecht, H.: Kreativität - Ein verbrauchter Begriff? München 1988
Schröder, H.: Grundwortschatz Erziehungswissenschaft. Ein Wörterbuch der Fachbegriffe. München 1992
Schuster, M.: Die Psychologie der Kinderzeichnung. Berlin 1990
Vester, F.: Denken, Lernen, Vergessen. München 1975
Wagner, E.: Aufgaben, Bildungsstandards, Kompetenzen. In: Kunst und Unterricht. Heft 341/2010
Wallas, G.: Art of Thought. London 1926
Weber, E.: Pädagogik. Eine Einführung. Bd. 1: Grundfragen und Grundbegriffe, Teil 3: Pädagogische Grundvorgänge und Zielvorstellungen - Erziehung und Gesellschaft/Politik. Donauwörth 1999
Weizsäcker, V.: Der Gestaltkreis: Theorie der Einheit von Wahrnehmung und Bewegung. Frankfurt am Main 1940
Wessels, M.: Kognitive Psychologie. New York 1984
Wiater, W.: Unterrichten und lernen in der Schule: Eine Einführung in die Didaktik. Donauwörth 1993
Wiater, W.: Unterrichtsprinzipien. Donauwörth 2005
Wichelhaus, B.: Gemeinsam Bilder herstellen. In: Kunst und Unterricht. Heft 226/1998
Widlöcher, D.: Was eine Kinderzeichnung verrät. Methode und Beispiele psychoanalytischer Deutung. München 1974
Wiegelmann-Bals, A.: Kinderzeichnungen im Kontext der Neuen Medien - qualitativ-empirische Studie. Oberhausen 2009